内蒙古经济普查年鉴

Inner Mongolia Economic Census Yearbook

2018

第三产业卷

内蒙古自治区统计局 编著

中国统计出版社
China Statistics Press

图书在版编目(CIP)数据

内蒙古经济普查年鉴. 2018. 第三产业卷 / 内蒙古自治区统计局编著. -- 北京 : 中国统计出版社, 2020.6
ISBN 978-7-5037-9166-6

Ⅰ. ①内… Ⅱ. ①内… Ⅲ. ①经济-普查-内蒙古-2018-年鉴②第三产业-经济-普查-内蒙古-2018-年鉴 Ⅳ. ①F127.26-54

中国版本图书馆 CIP 数据核字(2020)第 091597 号

内蒙古经济普查年鉴-2018/第三产业卷

作　　者/内蒙古自治区统计局
责任编辑/许立舫
封面设计/黄俊杰　李雪燕
出版发行/中国统计出版社
通信地址/北京市丰台区西三环南路甲 6 号　邮政编码/100073
电　　话/邮购(010)63376909　书店(010)68783171
网　　址/http://www.zgticbs.com/
印　　刷/内蒙古宏业包装印务有限公司
经　　销/新华书店
开　　本/880mm×1230mm 1/16
字　　数/376 千字
印　　张/11.75
版　　别/2020 年 6 月第 1 版
版　　次/2020 年 6 月第 1 次印刷
定　　价/680.00 元(全四册附光盘)

本书附同版本 CD-ROM 一张,光盘内容以书面文字为准。
如有印装差错,由本社发行部调换。

编辑委员会

第一篇　批发和零售业企业基本情况及财务状况篇
第二篇　住宿和餐饮业企业基本情况及财务状况篇

主　　编：田新茹　王东海

副 主 编：王亦兵　张文军

编辑人员：（以姓氏笔画为序）

云蒙根涛娅　王　静　李旭东　沙仁高娃　柳美玲

校　　对：云蒙根涛娅　王　静　李旭东　沙仁高娃　柳美玲

王德慧　乌拉图雅　孙志宇

第三篇　房地产开发经营业生产经营及财务状况篇

主　　编：靳文利

副 主 编：张春燕

编辑人员：（以姓氏笔画为序）

安　园　程旭嵘

校　　对：程旭嵘　刘永绪　高　乐　孙志宇

第四篇　服务业企业财务状况篇
第五篇　服务业行政事业及非企业法人单位篇
第六篇　企业信息化和电子商务交易情况篇

主　　编：王晓妍

副 主 编：代秀琴

编辑人员：（以姓氏笔画为序）

李与琪　张俊峰

校　　对：李与琪　张俊峰　路美玲　郭雪佩

编 者 说 明

为便于社会各界共同分享内蒙古第四次经济普查成果，更方便地开发利用普查资料，我们将经济普查资料编辑整理，汇编成《内蒙古经济普查年鉴—2018》一书。全书共三卷四册，即综合卷、第二产业卷和第三产业卷。《综合卷》分三篇：第一篇为“综合篇”，第二篇为“企业篇”，第三篇为“文化及相关产业篇”。《第二产业卷》按内容分为上、下两册。上册两篇：第一篇为“工业企业生产经营及财务状况篇”，第二篇为“主要工业产品产量篇”。下册两篇：第一篇为“规模以上工业企业科技情况篇”，第二篇为“建筑业企业生产经营及账务状况篇”。《第三产业卷》分六篇：第一篇为“批发和零售业企业基本情况及财务状况篇”，第二篇为“住宿和餐饮业企业基本情况及财务状况篇”，第三篇为“房地产开发经营业生产经营及财务状况篇”，第四篇为“服务业企业财务状况篇”，第五篇为“服务业行政事业及非企业法人单位篇”，第六篇为“企业信息化和电子商务交易情况篇”。为使读者能够更好地使用本资料，现对有关问题做如下说明：

一、内蒙古第四次经济普查的标准时点为2018年12月31日，时期资料为2018年度；

二、《综合卷》中综合篇和企业篇汇总表，单位数包含兼营二、三产业的农、林、牧、渔业法人单位，从业人员数不包含兼营二、三产业的农、林、牧、渔业法人单位，各种分组表数据中不包含从事金融和铁路部门从业人员；

三、除综合卷中综合篇和企业篇汇总表外，企业法人单位数包括机构类型为企业的法人单位，以及执行企业会计制度的事业法人单位、民办非企业法人单位和基金会，农民专业合作社，农村集体经济组织和除宗教活动场所以外的机构类型为其他组织机构的法人单位；

四、本资料建筑业按法人单位注册地，其他行业按法人单位经营地进行汇总；

五、本资料对部分数据由于计量单位取舍不同或四舍五入而产生的误差数均未作机械调整；

六、表中空格表示该项统计指标数值为零、不足最小单位、数据不详或无该项数据，“#”表示其中的主要项；

七、为了更准确地使用本年鉴，每卷后附有该卷详细的指标解释。

我们希望此书的面世，能使社会各界对内蒙古第四次经济普查有一个全面的了解，更愿本书的内容，能为社会经济研究工作者提供有价值的参考。

内蒙古第四次经济普查资料是内蒙古普查工作者共同辛勤工作的成果，也是广大普查对象积极支持配合的结果。在此，我们向内蒙古所有普查工作者、普查对象和所有参与和支持普查工作的人员致以崇高的敬意和衷心的感谢！

2020年5月

编者说明

2020年5月

第三产业卷　目录

第一篇　批发和零售业企业基本情况及财务状况篇

A. 行业部分

B. 地区部分

第二篇　住宿和餐饮业企业基本情况及财务状况篇

A. 行业部分

B. 地区部分

第三篇 房地产开发经营业生产经营及财务状况篇

第四篇 服务业企业财务状况篇

第五篇 服务业行政事业及非企业法人单位篇

第六篇 企业信息化和电子商务交易情况篇

附 录

第一篇

批发和零售业企业基本情况及财务状况篇

A. 行业部分

1-A-1　批发业法人企业基本情况

分　组	法人单位数（个）	从业人员期末人数（人）
批发业	**41764**	**182684**
按国民经济行业分组		
农、林、牧、渔产品批发	5549	23932
谷物、豆及薯类批发	2080	11464
种子批发	914	3595
畜牧渔业饲料批发	401	1299
棉、麻批发	19	32
林业产品批发	246	1100
牲畜批发	381	1716
渔业产品批发	13	20
其他农牧产品批发	1495	4706
食品、饮料及烟草制品批发	3974	21286
米、面制品及食用油批发	503	1886
糕点、糖果及糖批发	121	550
果品、蔬菜批发	445	1603
肉、禽、蛋、奶及水产品批发	649	3233
盐及调味品批发	146	1304
营养和保健品批发	110	522
酒、饮料及茶叶批发	606	2420
烟草制品批发	30	5167
其他食品批发	1364	4601
纺织、服装及家庭用品批发	1636	6036
纺织品、针织品及原料批发	178	473
服装批发	311	1542
鞋帽批发	16	45
化妆品及卫生用品批发	233	843
厨具卫具及日用杂品批发	375	984
灯具、装饰物品批发	85	238
家用视听设备批发	31	267
日用家电批发	157	820
其他家庭用品批发	250	824
文化、体育用品及器材批发	710	2336
文具用品批发	426	1221
体育用品及器材批发	81	252
图书批发	43	283
报刊批发	NA	2

注：NA 表示单位数小于或等于3，下同。

1-A-1 续表1

分组	法人单位数（个）	从业人员期末人数（人）
音像制品、电子和数字出版物批发	10	38
首饰、工艺品及收藏品批发	79	342
乐器批发	10	47
其他文化用品批发	60	151
医药及医疗器材批发	1282	14456
西药批发	210	7611
中药批发	202	2483
动物用药品批发	18	93
医疗用品及器材批发	852	4269
矿产品、建材及化工产品批发	16616	73942
煤炭及制品批发	4921	27889
石油及制品批发	484	7812
非金属矿及制品批发	553	1970
金属及金属矿批发	2110	7390
建材批发	5681	17426
化肥批发	1447	4308
农药批发	199	559
农用薄膜批发	25	128
其他化工产品批发	1196	6460
机械设备、五金产品及电子产品批发	8789	32396
农业机械批发	1049	4610
汽车及零配件批发	715	2796
摩托车及零配件批发	14	56
五金产品批发	2663	7485
电气设备批发	822	3241
计算机、软件及辅助设备批发	436	1349
通讯设备批发	152	1270
广播影视设备批发	11	64
其他机械设备及电子产品批发	2927	11525
贸易经纪与代理	1090	2648
贸易代理	836	2083
一般物品拍卖	87	224
艺术品、收藏品拍卖	15	72
艺术品代理	NA	15
其他贸易经纪与代理	149	254
其他批发业	2118	5652
再生物资回收与批发	891	2106

1-A-1　续表2

分　组	法人单位数（个）	从业人员期末人数（人）
宠物食品用品批发	7	24
互联网批发	36	131
其他未列明批发业	1184	3391
按登记注册类型分组		
内资企业	41729	182192
国有企业	87	6920
集体企业	92	323
股份合作企业	6	22
联营企业	8	17
国有联营企业		
集体联营企业	6	14
国有与集体联营企业	NA	1
其他联营企业	NA	2
有限责任公司	10345	61044
国有独资公司	74	7820
其他有限责任公司	10271	53224
股份有限公司	492	5145
私营企业	28093	99705
私营独资企业	505	1372
私营合伙企业	26	92
私营有限责任公司	26780	94936
私营股份有限公司	782	3305
其他企业	2606	9016
港、澳、台商投资企业	9	337
与港澳台商合资经营企业	NA	13
与港澳台商合作经营企业		
港澳台商独资经营企业	6	320
港澳台商投资股份有限公司	NA	4
其他港澳台投资企业		
外商投资企业	26	155
中外合资经营企业	NA	18
中外合作经营企业		
外资企业	18	112
外商投资股份有限公司		
其他外商投资	5	25

1-A-2 批发业法人企业财务状况

单位:万元

分组	资产总计	负债合计	营业收入
批发业			
按国民经济行业分组	**52721242.66**	**38295027.46**	**63694454.47**
农、林、牧、渔产品批发	5858609.25	4124344.79	3998766.95
谷物、豆及薯类批发	4354692.76	3388979.04	3038224.12
种子批发	401894.19	110290.53	206213.88
畜牧渔业饲料批发	123683.09	70613.25	136917.34
棉、麻批发	1106.52	1010.98	2112.50
林业产品批发	110030.32	137183.24	35143.08
牲畜批发	383655.04	139665.82	123044.37
渔业产品批发	422.12	-140.80	146.13
其他农牧产品批发	483125.21	276742.73	456965.53
食品、饮料及烟草制品批发	2539332.94	1210197.75	4548683.87
米、面制品及食用油批发	235642.71	139511.43	327559.16
糕点、糖果及糖批发	22168.43	15356.40	42070.56
果品、蔬菜批发	107858.20	55960.30	142662.54
肉、禽、蛋、奶及水产品批发	282734.08	186784.13	467937.42
盐及调味品批发	114304.51	22504.70	58370.60
营养和保健品批发	33375.71	29487.32	30412.34
酒、饮料及茶叶批发	240892.65	146478.98	198536.56
烟草制品批发	974613.25	218968.98	2500971.27
其他食品批发	527743.41	395145.52	780163.42
纺织、服装及家庭用品批发	608854.38	498557.24	572778.21
纺织品、针织品及原料批发	69935.17	59276.92	63421.16
服装批发	280516.40	255118.64	277847.70
鞋帽批发	9154.85	896.32	1915.57
化妆品及卫生用品批发	43968.52	24410.95	53140.21
厨具卫具及日用杂品批发	56289.97	30944.57	45053.67
灯具、装饰物品批发	13751.48	8888.65	9311.94
家用视听设备批发	14616.12	8607.65	19715.12
日用家电批发	67147.24	62231.74	70562.40
其他家庭用品批发	53474.63	48181.77	31810.43
文化、体育用品及器材批发	180112.98	101853.01	173400.07
文具用品批发	73794.01	39968.17	47285.49
体育用品及器材批发	9597.03	5778.40	6102.77
图书批发	45096.75	23010.57	35060.82
报刊批发	37.82	0.14	10.26

1-A-2　续表 1　　单位:万元

分　组	资产总计	负债合计	营业收入
音像制品、电子和数字出版物批发	1670.43	771.20	2592.06
首饰、工艺品及收藏品批发	33066.34	20894.68	60353.84
乐器批发	8324.15	5619.78	8074.63
其他文化用品批发	8526.44	5810.08	13920.20
医药及医疗器材批发	2565696.26	1560326.94	2393106.86
西药批发	1277781.88	1028617.34	1545232.02
中药批发	326577.62	227164.01	359811.86
动物用药品批发	5213.76	4077.75	6973.68
医疗用品及器材批发	956122.99	300467.84	481089.30
矿产品、建材及化工产品批发	35189068.68	26535228.06	47240401.57
煤炭及制品批发	21455938.52	16312963.51	29104928.15
石油及制品批发	1498315.66	1050387.06	5501249.04
非金属矿及制品批发	592388.80	427364.56	296314.70
金属及金属矿批发	6674691.97	5377856.18	6278257.71
建材批发	3051059.44	2103803.15	3581053.44
化肥批发	686845.39	511867.15	796302.72
农药批发	52202.44	30727.05	29689.69
农用薄膜批发	11771.99	4780.48	9059.82
其他化工产品批发	1165854.47	715478.92	1643546.31
机械设备、五金产品及电子产品批发	4543898.27	3310591.87	3752011.78
农业机械批发	454651.28	322362.68	472705.57
汽车及零配件批发	848862.03	759721.38	856971.33
摩托车及零配件批发	5157.25	3369.79	8314.22
五金产品批发	722147.92	502297.40	715838.76
电气设备批发	325877.24	179250.56	306488.58
计算机、软件及辅助设备批发	248097.91	102980.52	87177.70
通讯设备批发	87658.53	46492.29	232905.77
广播影视设备批发	3916.63	961.76	6390.66
其他机械设备及电子产品批发	1847529.49	1393155.49	1065219.19
贸易经纪与代理	520533.89	409295.51	489117.73
贸易代理	472191.94	383716.81	455315.20
一般物品拍卖	22303.80	9088.88	2304.66
艺术品、收藏品拍卖	5468.70	2850.30	1547.28
艺术品代理	1049.23	617.31	1140.67
其他贸易经纪与代理	19520.22	13022.21	28809.91
其他批发业	715136.01	544632.30	526187.44
再生物资回收与批发	173727.35	107048.06	108012.28

1-A-2 续表2 单位:万元

分 组	资产总计	负债合计	营业收入
宠物食品用品批发	302.63	275.25	307.78
互联网批发	3123.88	1297.75	18729.32
其他未列明批发业	537982.16	436011.24	399138.07
按登记注册类型分组			
内资企业	52516555.11	38062928.61	63450408.89
国有企业	2887504.70	1901580.84	3329966.15
集体企业	41302.04	23938.65	67544.81
股份合作企业	2310.45	2352.97	1660.65
联营企业	450.96	28.82	307.20
国有联营企业			
集体联营企业	420.16	28.82	246.43
国有与集体联营企业	5.12		30.77
其他联营企业	25.68		30.00
有限责任公司	26006223.38	18550871.69	32210119.29
国有独资公司	5216847.14	3408244.47	5823727.03
其他有限责任公司	20789376.24	15142627.22	26386392.26
股份有限公司	1677480.40	978811.17	4124964.01
私营企业	21607743.93	16549717.20	23467342.30
私营独资企业	71869.53	32853.23	158838.39
私营合伙企业	5827.54	5213.09	3566.85
私营有限责任公司	20878581.71	16050245.42	22328717.72
私营股份有限公司	651465.15	461405.46	976219.35
其他企业	293539.24	55627.28	248504.48
港、澳、台商投资企业	146831.89	195503.47	159702.99
与港澳台商合资经营企业	710.56	476.04	1454.44
与港澳台商合作经营企业			
港澳台商独资经营企业	145976.36	194864.59	158178.97
港澳台商投资股份有限公司	144.97	162.84	69.58
其他港澳台投资企业			
外商投资企业	57855.66	36595.37	84342.60
中外合资经营企业	31235.02	13997.14	0.31
中外合作经营企业			
外资企业	24144.45	22105.45	82172.66
外商投资股份有限公司			
其他外商投资	2476.19	492.78	2169.64

1-A-3　零售业法人企业基本情况

分　组	法　人 单位数 （个）	从业人员 期末人数 （人）	年末零售 营业面积 （万平方米）
零售业			
按国民经济行业分组	**44162**	**207252**	**1348.3**
综合零售	5292	37198	247.7
百货零售	3582	20854	161.7
超级市场零售	189	12118	63.8
便利店零售	61	701	1.7
其他综合零售	1460	3525	20.5
食品、饮料及烟草制品专门零售	4975	14831	77.2
粮油零售	525	1647	18.7
糕点、面包零售	120	512	1.1
果品、蔬菜零售	301	1225	6.1
肉、禽、蛋、奶及水产品零售	1069	3059	18.9
营养和保健品零售	232	501	1.3
酒、饮料及茶叶零售	736	2319	15.6
烟草制品零售	130	475	1.0
其他食品零售	1862	5093	14.7
纺织、服装及日用品专门零售	2944	11044	59.6
纺织品及针织品零售	333	924	8.4
服装零售	951	5193	30.9
鞋帽零售	50	203	1.2
化妆品及卫生用品零售	415	963	1.9
厨具卫具及日用杂品零售	212	696	2.0
钟表、眼镜零售	440	1185	4.1
箱包零售	18	53	0.1
自行车等代步设备零售	53	125	0.5
其他日用品零售	472	1702	10.5
文化、体育用品及器材专门零售	2259	8632	20.4
文具用品零售	944	2607	6.3
体育用品及器材零售	332	1273	3.3
图书、报刊零售	149	1587	3.4
音像制品、电子和数字出版物零售	16	35	0.0
珠宝首饰零售	228	1398	2.6
工艺美术品及收藏品零售	340	1071	3.0
乐器零售	78	210	1.0
照相器材零售	10	29	0.1
其他文化用品零售	162	422	0.9

1-A-3 续表1

分 组	法 人 单位数 (个)	从业人员 期末人数 (人)	年末零售 营业面积 (万平方米)
医药及医疗器材专门零售	4131	25890	62.4
西药零售	2470	19153	45.2
中药零售	406	2762	6.5
动物用药品零售	90	287	1.1
医疗用品及器材零售	1122	3591	9.2
保健辅助治疗器材零售	43	97	0.3
汽车、摩托车、零配件和燃料及其他动力销售	8033	56668	561.1
汽车新车零售	3258	27772	190.3
汽车旧车零售	1191	1999	19.7
汽车零配件零售	1522	4210	22.3
摩托车及零配件零售	107	368	2.6
机动车燃油零售	1708	19986	292.2
机动车燃气零售	239	2306	34.0
机动车充电销售	8	27	0.0
家用电器及电子产品专门零售	5375	20992	57.9
家用视听设备零售	101	508	2.6
日用家电零售	912	6767	32.9
计算机、软件及辅助设备零售	2026	5800	10.2
通信设备零售	731	3535	5.0
其他电子产品零售	1605	4382	7.1
五金、家具及室内装饰材料专门零售	7833	20938	90.0
五金零售	4550	11534	34.4
灯具零售	141	319	1.1
家具零售	597	2846	30.3
涂料零售	112	300	0.7
卫生洁具零售	85	291	0.6
木质装饰材料零售	229	570	1.9
陶瓷、石材装饰材料零售	312	784	4.7
其他室内装饰材料零售	1807	4294	16.4
货摊、无店铺及其他零售业	3320	11059	171.9
流动货摊零售	4	11	0.0
互联网零售	651	1581	2.0
邮购及电视、电话零售			
自动售货机零售	5	15	0.0
旧货零售	25	29	0.4

1-A-3　续表2

分　组	法　人 单位数 （个）	从业人员 期末人数 （人）	年末零售 营业面积 （万平方米）
生活用燃料零售	694	4225	141.5
宠物食品用品零售	33	78	0.2
其他未列明零售业	1907	5120	27.7
按登记注册类型分组			
内资企业	44135	205203	1341.9
国有企业	60	654	7.2
集体企业	99	476	2.1
股份合作企业	5	51	0.4
联营企业	11	21	0.1
国有联营企业	NA	3	
集体联营企业	4	5	0.0
国有与集体联营企业			
其他联营企业	6	13	0.0
有限责任公司	11049	71179	460.5
国有独资公司	28	1761	7.1
其他有限责任公司	11021	69418	453.4
股份有限公司	598	13907	128.5
私营企业	31803	116897	730.7
私营独资企业	1916	6730	102.8
私营合伙企业	77	463	3.3
私营有限责任公司	29029	103900	598.4
私营股份有限公司	781	5804	26.2
其他企业	510	2018	12.5
港、澳、台商投资企业	12	1378	3.7
与港澳台商合资经营企业	NA	258	1.3
与港澳台商合作经营企业			
港澳台商独资经营企业	8	1120	2.4
港澳台商投资股份有限公司			
其他港澳台投资企业			
外商投资企业	15	671	2.7
中外合资经营企业			
中外合作经营企业	NA	20	0.0
外资企业	6	591	1.6
外商投资股份有限公司			
其他外商投资	7	60	1.1

1-A-4 零售业法人企业财务状况

单位:万元

分　组	资产总计	负债合计	营业收入
零售业	**14470560.91**	**10460056.72**	**17295205.75**
按国民经济行业分组			
综合零售	1943394.34	1279534.82	1887724.44
百货零售	1480938.42	937456.64	1273684.62
超级市场零售	320849.31	255947.41	498472.41
便利店零售	9696.04	6844.17	13263.30
其他综合零售	131910.57	79286.60	102304.13
食品、饮料及烟草制品专门零售	929607.03	623999.04	596744.86
粮油零售	136436.53	83663.18	91708.21
糕点、面包零售	19380.15	11254.57	10872.06
果品、蔬菜零售	108777.44	57010.33	30240.93
肉、禽、蛋、奶及水产品零售	154160.79	72282.70	82461.83
营养和保健品零售	10501.79	6264.17	6906.28
酒、饮料及茶叶零售	195730.36	167871.15	97217.88
烟草制品零售	22397.76	19866.62	21243.62
其他食品零售	282222.22	205786.31	256094.07
纺织、服装及日用品专门零售	544247.91	375222.65	541021.90
纺织品及针织品零售	66243.29	34862.99	38264.79
服装零售	331444.15	244671.80	375129.98
鞋帽零售	12147.43	11110.97	10648.64
化妆品及卫生用品零售	30739.49	22788.64	29389.19
厨具卫具及日用杂品零售	34584.63	24183.53	22543.14
钟表、眼镜零售	13713.02	6130.92	11788.23
箱包零售	1096.94	794.64	1623.26
自行车等代步设备零售	4794.08	2769.85	2361.57
其他日用品零售	49484.87	27909.31	49273.10
文化、体育用品及器材专门零售	824652.51	521262.32	349887.39
文具用品零售	177524.30	154167.22	76827.68
体育用品及器材零售	45216.06	28351.20	41947.75
图书、报刊零售	391315.78	230743.58	121725.26
音像制品、电子和数字出版物零售	1509.08	408.70	746.10
珠宝首饰零售	78359.83	47100.56	59888.92
工艺美术品及收藏品零售	100072.95	38767.50	19162.83
乐器零售	9431.81	5423.99	8042.96
照相器材零售	1533.35	1103.99	2035.08
其他文化用品零售	19689.37	15195.58	19510.82

1-A-4　续表1　　　　单位:万元

分　　组	资产总计	负债合计	营业收入
医药及医疗器材专门零售	666354.61	486872.82	809752.31
西药零售	428339.75	307358.39	578554.54
中药零售	69615.44	57627.62	73555.44
动物用药品零售	4977.14	3306.93	5715.10
医疗用品及器材零售	162642.33	117918.50	151435.97
保健辅助治疗器材零售	779.95	661.37	491.26
汽车、摩托车、零配件和燃料及其他动力销售	5244435.44	4341216.55	10029501.25
汽车新车零售	3134531.16	2469261.07	4798085.16
汽车旧车零售	87711.90	70067.45	56210.03
汽车零配件零售	357577.13	216299.93	288297.60
摩托车及零配件零售	17605.51	19832.18	25998.59
机动车燃油零售	1257559.15	1001808.82	4533650.19
机动车燃气零售	386835.07	563337.95	326983.28
机动车充电销售	2615.51	609.16	276.40
家用电器及电子产品专门零售	1466279.58	945939.50	1350905.75
家用视听设备零售	21239.39	14978.42	66176.02
日用家电零售	656153.88	446178.96	645138.24
计算机、软件及辅助设备零售	442693.48	251773.29	238163.40
通信设备零售	143707.31	98684.68	243905.12
其他电子产品零售	202485.51	134324.15	157522.97
五金、家具及室内装饰材料专门零售	1523507.70	963052.90	978602.19
五金零售	790695.97	484219.71	553691.59
灯具零售	9443.91	4779.22	6005.78
家具零售	124665.06	76066.05	66014.75
涂料零售	9299.65	6204.51	9561.35
卫生洁具零售	10803.12	9162.60	3660.48
木质装饰材料零售	25730.49	17929.70	22870.64
陶瓷、石材装饰材料零售	30566.16	17874.85	22480.95
其他室内装饰材料零售	522303.33	346816.27	294316.64
货摊、无店铺及其他零售业	1328081.79	922956.13	751065.67
流动货摊零售	319.42	212.48	162.68
互联网零售	50739.16	32953.26	52545.50
邮购及电视、电话零售			
自动售货机零售	35.77	41.95	46.65
旧货零售	252.19	30.11	131.39

1-A-4 续表2 单位:万元

分　组	资产总计	负债合计	营业收入
生活用燃料零售	814791.61	585781.84	455298.84
宠物食品用品零售	728.66	169.08	153.33
其他未列明零售业	461214.99	303767.42	242727.27
按登记注册类型分组			
内资企业	14381100.39	10374516.21	17056515.37
国有企业	53165.78	31016.15	47683.16
集体企业	31022.68	13391.99	130860.98
股份合作企业	876.51	316.21	3133.40
联营企业	177.31	31.10	1115.16
国有联营企业			
集体联营企业	21.52	29.10	808.26
国有与集体联营企业			
其他联营企业	155.79	2.00	306.91
有限责任公司	6018628.93	4503279.57	6523315.96
国有独资公司	334471.89	281110.65	290158.67
其他有限责任公司	5684157.04	4222168.93	6233157.30
股份有限公司	969354.00	805235.51	3196278.59
私营企业	7261933.57	5011957.26	7128924.22
私营独资企业	219854.42	76138.79	215683.63
私营合伙企业	16849.98	6150.76	32695.53
私营有限责任公司	6799091.03	4789747.84	6624454.57
私营股份有限公司	226138.15	139919.87	256090.48
其他企业	45941.60	9288.43	25203.89
港、澳、台商投资企业	73652.17	48554.09	184548.84
与港澳台商合资经营企业	32075.40	20217.50	102051.80
与港澳台商合作经营企业			
港澳台商独资经营企业	41576.77	28336.59	82497.04
港澳台商投资股份有限公司			
其他港澳台投资企业			
外商投资企业	15808.34	36986.41	54141.54
中外合资经营企业			
中外合作经营企业	161.18	657.23	226.47
外资企业	10393.66	32406.40	40228.63
外商投资股份有限公司			
其他外商投资	5253.50	3922.78	13686.44

B. 地区部分

1-B-1　分地区批发业法人企业基本情况

地　　区	法人单位数（个）	从业人员期末人数（人）
总　　计	**41764**	**182684**
呼和浩特市	4356	29128
包　头　市	8881	34919
呼伦贝尔市	4875	16866
兴　安　盟	1059	5919
通　辽　市	2500	11616
赤　峰　市	4588	20333
锡林郭勒盟	2437	8107
乌兰察布市	1676	5956
鄂尔多斯市	5136	24154
巴彦淖尔市	3299	14632
乌　海　市	1977	7493
阿 拉 善 盟	980	3561

1-B-2　分地区批发业法人企业基本情况(按国民经济行业分)

(农、林、牧、渔产品批发)

地　　区	法人单位数（个）	从业人员期末人数（人）
总　　计	**5549**	**23932**
呼和浩特市	263	1090
包　头　市	381	1469
呼伦贝尔市	829	3063
兴　安　盟	320	2700
通　辽　市	747	3993
赤　峰　市	662	2943
锡林郭勒盟	339	1022
乌兰察布市	222	625
鄂尔多斯市	350	1617
巴彦淖尔市	1360	5266
乌　海　市	19	18
阿 拉 善 盟	57	126

1-B-2 续表1

（食品、饮料及烟草制品批发）

地　　区	法人单位数（个）	从业人员期末人数（人）
总　　计	**3974**	**21286**
呼和浩特市	685	4256
包 头 市	636	2896
呼伦贝尔市	556	2245
兴 安 盟	113	660
通 辽 市	255	1606
赤 峰 市	527	2822
锡林郭勒盟	286	1106
乌兰察布市	151	1056
鄂尔多斯市	357	1862
巴彦淖尔市	241	1881
乌 海 市	90	362
阿拉善盟	77	534

1-B-2 续表2

（纺织服装及家庭用品批发）

地　　区	法人单位数（个）	从业人员期末人数（人）
总　　计	**1636**	**6036**
呼和浩特市	352	1944
包 头 市	422	1651
呼伦贝尔市	143	441
兴 安 盟	26	114
通 辽 市	71	151
赤 峰 市	214	494
锡林郭勒盟	79	231
乌兰察布市	46	136
鄂尔多斯市	181	653
巴彦淖尔市	58	113
乌 海 市	34	96
阿拉善盟	10	12

1-B-2　续表3

（文化、体育用品及器材批发）

地　　区	法人单位数（个）	从业人员期末人数（人）
总　　计	**710**	**2336**
呼和浩特市	153	976
包 头 市	176	456
呼伦贝尔市	60	214
兴 安 盟	12	23
通 辽 市	34	68
赤 峰 市	73	177
锡林郭勒盟	25	40
乌兰察布市	29	42
鄂尔多斯市	89	165
巴彦淖尔市	25	78
乌 海 市	21	79
阿 拉 善 盟	13	18

1-B-2　续表4

（医药及医疗器材批发）

地　　区	法人单位数（个）	从业人员期末人数（人）
总　　计	**1282**	**14456**
呼和浩特市	282	3607
包 头 市	257	2247
呼伦贝尔市	68	783
兴 安 盟	42	397
通 辽 市	88	1146
赤 峰 市	263	3401
锡林郭勒盟	31	325
乌兰察布市	35	541
鄂尔多斯市	100	853
巴彦淖尔市	71	744
乌 海 市	33	338
阿 拉 善 盟	12	74

1-B-2 续表5

(矿产品、建材及化工产品批发)

地　区	法人单位数(个)	从业人员期末人数(人)
总　计	**16616**	**73942**
呼和浩特市	1050	9833
包 头 市	3935	15201
呼伦贝尔市	1818	6243
兴 安 盟	301	1212
通 辽 市	770	2703
赤 峰 市	1529	6146
锡林郭勒盟	833	3340
乌兰察布市	781	2373
鄂尔多斯市	2626	14750
巴彦淖尔市	1114	4957
乌 海 市	1200	4758
阿拉善盟	659	2426

1-B-2 续表6

(机械设备、五金产品及电子产品批发)

地　区	法人单位数(个)	从业人员期末人数(人)
总　计	**8789**	**32396**
呼和浩特市	1226	6079
包 头 市	2674	10017
呼伦贝尔市	796	2628
兴 安 盟	143	590
通 辽 市	353	1445
赤 峰 市	1029	3667
锡林郭勒盟	419	1172
乌兰察布市	273	804
鄂尔多斯市	959	2973
巴彦淖尔市	313	1249
乌 海 市	502	1532
阿拉善盟	102	240

1-B-2　续表7

（贸易经纪与代理）

地　　区	法人单位数（个）	从业人员期末人数（人）
总　　计	**1090**	**2648**
呼和浩特市	101	353
包 头 市	87	246
呼伦贝尔市	148	261
兴 安 盟	58	110
通 辽 市	46	89
赤 峰 市	60	130
锡林郭勒盟	301	637
乌兰察布市	51	106
鄂尔多斯市	141	454
巴彦淖尔市	48	153
乌 海 市	22	27
阿 拉 善 盟	27	82

1-B-2　续表8

（其他批发业）

地　　区	法人单位数（个）	从业人员期末人数（人）
总　　计	**2118**	**5652**
呼和浩特市	244	990
包 头 市	313	736
呼伦贝尔市	457	988
兴 安 盟	44	113
通 辽 市	136	415
赤 峰 市	231	553
锡林郭勒盟	124	234
乌兰察布市	88	273
鄂尔多斯市	333	827
巴彦淖尔市	69	191
乌 海 市	56	283
阿 拉 善 盟	23	49

1-B-3 分地区批发业法人企业基本情况(按登记注册类型分)

(内资企业)

地　　区	法人单位数 (个)	从业人员期末人数 (人)
总　　计	**41729**	**182192**
呼和浩特市	4348	28819
包 头 市	8876	34887
呼伦贝尔市	4867	16839
兴 安 盟	1057	5907
通 辽 市	2498	11611
赤 峰 市	4588	20333
锡林郭勒盟	2434	8097
乌兰察布市	1676	5956
鄂尔多斯市	5135	24141
巴彦淖尔市	3298	14610
乌 海 市	1976	7491
阿拉善盟	976	3501

1-B-3 续表 1

(国有企业)

地　　区	法人单位数 (个)	从业人员期末人数 (人)
总　　计	**87**	**6920**
呼和浩特市	7	957
包 头 市	8	562
呼伦贝尔市	9	873
兴 安 盟	11	755
通 辽 市	7	602
赤 峰 市	11	949
锡林郭勒盟	8	275
乌兰察布市	6	575
鄂尔多斯市	4	548
巴彦淖尔市	8	574
乌 海 市	5	120
阿拉善盟	NA	130

1-B-3　续表 2

（有限责任公司）

地　　区	法人单位数（个）	从业人员期末人数（人）
总　　计	**10345**	**61044**
呼和浩特市	726	10184
包　头　市	2849	12464
呼伦贝尔市	800	4774
兴　安　盟	260	1593
通　辽　市	912	5308
赤　峰　市	552	3729
锡林郭勒盟	431	2403
乌兰察布市	346	1101
鄂尔多斯市	1678	10714
巴彦淖尔市	916	5547
乌　海　市	499	1945
阿 拉 善 盟	376	1282

1-B-3　续表 3

（私营企业）

地　　区	法人单位数（个）	从业人员期末人数（人）
总　　计	**28093**	**99705**
呼和浩特市	3490	16038
包　头　市	5716	19392
呼伦贝尔市	3660	9802
兴　安　盟	735	3251
通　辽　市	1340	4929
赤　峰　市	3780	14484
锡林郭勒盟	1901	5014
乌兰察布市	1243	3956
鄂尔多斯市	3149	11644
巴彦淖尔市	1091	3936
乌　海　市	1442	5349
阿 拉 善 盟	546	1910

1-B-3 续表4

（港、澳、台商投资企业）

地　　区	法人单位数（个）	从业人员期末人数（人）
总　　计	**9**	**337**
呼和浩特市	NA	261
包 头 市	NA	22
呼伦贝尔市		
兴 安 盟		
通 辽 市	NA	5
赤 峰 市		
锡林郭勒盟	NA	4
乌兰察布市		
鄂尔多斯市		
巴彦淖尔市	NA	22
乌 海 市		
阿 拉 善 盟	NA	23

1-B-3 续表5

（外商投资企业）

地　　区	法人单位数（个）	从业人员期末人数（人）
总　　计	**26**	**155**
呼和浩特市	6	48
包 头 市	NA	10
呼伦贝尔市	8	27
兴 安 盟	NA	12
通 辽 市		
赤 峰 市		
锡林郭勒盟	NA	6
乌兰察布市		
鄂尔多斯市	NA	13
巴彦淖尔市		
乌 海 市	NA	2
阿 拉 善 盟	NA	37

1-B-4　分地区批发业法人企业财务状况

单位:万元

地　　区	资产总计	负债合计	营业收入
总　　计	**52721242.66**	**38295027.46**	**63694454.47**
呼和浩特市	5946496.35	3759311.13	9647995.98
包 头 市	8615912.51	5514834.68	9209256.76
呼伦贝尔市	4582221.47	3038022.20	4429396.19
兴 安 盟	2595751.19	2115308.09	1599195.88
通 辽 市	2588823.62	1936073.14	2304923.50
赤 峰 市	4728658.27	4045203.33	3863244.17
锡林郭勒盟	1852546.58	1549060.30	1684981.42
乌兰察布市	723087.67	269095.27	985245.47
鄂尔多斯市	15991749.80	12373533.09	22542559.18
巴彦淖尔市	2136994.20	1328959.79	3180303.79
乌 海 市	1777578.41	1292152.96	2314954.50
阿 拉 善 盟	1181422.58	1073473.48	1932397.63

1-B-5　分地区批发业法人企业财务状况(按国民经济行业分)

(农、林、牧、渔产品批发)　　单位:万元

地　　区	资产总计	负债合计	营业收入
总　　计	**5858609.25**	**4124344.79**	**3998766.95**
呼和浩特市	411204.23	333812.87	215277.06
包 头 市	383831.52	404954.75	168138.70
呼伦贝尔市	423170.69	268174.25	285753.84
兴 安 盟	2145597.02	1776171.21	1244311.19
通 辽 市	939410.86	602286.49	1032541.56
赤 峰 市	308254.96	142356.64	279675.79
锡林郭勒盟	140405.94	71141.64	85681.87
乌兰察布市	63189.49	2707.50	25817.48
鄂尔多斯市	447363.16	280494.17	228088.27
巴彦淖尔市	576249.34	231674.88	427763.15
乌 海 市	547.98	235.49	409.46
阿 拉 善 盟	19384.05	10334.90	5308.59

1-B-5 续表1

(食品、饮料及烟草制品批发) 单位:万元

地 区	资产总计	负债合计	营业收入
总 计	**2539332.94**	**1210197.75**	**4548683.87**
呼和浩特市	714498.64	430366.49	1370294.91
包 头 市	340997.59	163930.89	541355.57
呼伦贝尔市	174864.06	99396.68	456621.56
兴 安 盟	73546.43	32949.09	131625.93
通 辽 市	183576.55	77775.18	370076.14
赤 峰 市	206763.51	76411.11	375999.15
锡林郭勒盟	107666.30	63332.79	186294.69
乌兰察布市	139199.11	22286.35	223038.30
鄂尔多斯市	325705.22	97322.65	415228.59
巴彦淖尔市	176559.48	102824.43	333449.55
乌 海 市	42770.17	10276.32	86097.01
阿 拉 善 盟	53185.89	33325.77	58602.45

1-B-5 续表2

(纺织、服装及家庭用品批发) 单位:万元

地 区	资产总计	负债合计	营业收入
总 计	**608854.38**	**498557.24**	**572778.21**
呼和浩特市	118422.13	90767.90	156124.18
包 头 市	139271.94	117893.02	115560.25
呼伦贝尔市	20710.84	18038.22	17992.69
兴 安 盟	4345.87	2473.22	3289.30
通 辽 市	12104.70	10858.29	11647.23
赤 峰 市	32318.95	21885.46	30851.87
锡林郭勒盟	28686.69	15133.51	19803.54
乌兰察布市	7371.34	1012.98	2264.55
鄂尔多斯市	235691.48	212402.79	208273.69
巴彦淖尔市	6427.04	5510.54	3986.44
乌 海 市	3145.93	2398.48	2824.44
阿 拉 善 盟	357.46	182.83	160.04

1-B-5　续表3

（文化、体育用品及器材批发）　单位：万元

地　　区	资产总计	负债合计	营业收入
总　　计	**180112.98**	**101853.01**	**173400.07**
呼和浩特市	88492.43	52801.84	114543.83
包　头　市	34869.76	12517.13	19836.56
呼伦贝尔市	8266.75	5621.49	7112.48
兴　安　盟	771.78	613.80	457.73
通　辽　市	2064.73	542.99	1184.25
赤　峰　市	7592.33	5844.27	13812.64
锡林郭勒盟	2618.94	923.28	2320.57
乌兰察布市	989.66	511.17	1231.26
鄂尔多斯市	23479.11	15889.99	5627.00
巴彦淖尔市	3468.73	1448.28	1947.37
乌　海　市	6405.07	4637.02	4623.41
阿拉善盟	1093.67	501.76	702.97

1-B-5　续表4

（医药及医疗器材批发）　单位：万元

地　　区	资产总计	负债合计	营业收入
总　　计	**2565696.26**	**1560326.94**	**2393106.86**
呼和浩特市	1366268.86	652024.28	912655.94
包　头　市	186319.48	140995.31	194276.70
呼伦贝尔市	108555.86	82668.84	117143.37
兴　安　盟	52257.40	42088.85	54349.68
通　辽　市	192808.59	156359.25	223042.92
赤　峰　市	424025.75	336901.73	561029.93
锡林郭勒盟	16985.42	13227.31	27105.98
乌兰察布市	66199.92	30975.79	66448.28
鄂尔多斯市	74651.71	54120.97	135328.78
巴彦淖尔市	51222.10	36182.47	67181.07
乌　海　市	23289.86	12909.73	30982.85
阿拉善盟	3111.31	1872.41	3561.36

1-B-5 续表5

(矿产品、建材及化工产品批发) 单位:万元

地　　区	资产总计	负债合计	营业收入
总　　计	**35189068.68**	**26535228.06**	**47240401.57**
呼和浩特市	2268965.03	1551084.34	6077375.71
包 头 市	5950088.06	3614385.49	6943221.65
呼伦贝尔市	3242660.85	2105883.44	3094431.32
兴 安 盟	263932.25	227707.90	107780.32
通 辽 市	685542.66	559897.38	427513.16
赤 峰 市	3400568.02	3176936.50	2256138.92
锡林郭勒盟	1232152.49	1161968.90	1163071.22
乌兰察布市	383142.78	180348.36	588462.44
鄂尔多斯市	14027914.94	11000087.55	20645296.55
巴彦淖尔市	1197652.59	861209.23	2138072.74
乌 海 市	1468657.96	1107103.65	1963751.00
阿 拉 善 盟	1067791.06	988615.31	1835286.54

1-B-5 续表6

(机械设备、五金产品及电子产品批发) 单位:万元

地　　区	资产总计	负债合计	营业收入
总　　计	**4543898.27**	**3310591.87**	**3752011.78**
呼和浩特市	845707.76	541892.88	687676.98
包 头 市	1482210.70	987808.22	1148656.67
呼伦贝尔市	265350.86	171308.07	244509.91
兴 安 盟	51041.22	31888.57	55924.76
通 辽 市	456233.66	419536.96	120516.33
赤 峰 市	289401.64	255934.30	309211.69
锡林郭勒盟	153091.81	121329.11	117608.81
乌兰察布市	42321.07	22124.86	64548.53
鄂尔多斯市	661849.44	547382.88	732886.51
巴彦淖尔市	87420.65	62615.19	104985.75
乌 海 市	185402.45	118714.80	149128.02
阿 拉 善 盟	23867.01	30056.01	16357.82

1-B-5　续表7

(贸易经纪与代理)　单位:万元

地　　区	资产总计	负债合计	营业收入
总　　计	**520533.89**	**409295.51**	**489117.73**
呼和浩特市	38840.60	26110.31	33847.30
包　头　市	15032.87	10162.99	21670.18
呼伦贝尔市	33531.27	18259.07	26800.71
兴　安　盟	2456.04	737.36	1141.33
通　辽　市	101269.76	103321.11	111998.46
赤　峰　市	17201.78	13590.46	2483.20
锡林郭勒盟	141589.34	91524.01	69925.50
乌兰察布市	11249.37	3482.21	8796.65
鄂尔多斯市	122788.54	112989.62	108970.31
巴彦淖尔市	27723.70	24069.25	93542.71
乌　海　市	1392.02	110.02	67.18
阿 拉 善 盟	7458.61	4939.11	9874.21

1-B-5　续表8

(其他批发业)　单位:万元

地　　区	资产总计	负债合计	营业收入
总　　计	**715136.01**	**544632.30**	**526187.44**
呼和浩特市	94096.67	80450.21	80200.08
包　头　市	83290.60	62186.89	56540.48
呼伦贝尔市	305110.29	268672.14	179030.31
兴　安　盟	1803.19	678.09	315.63
通　辽　市	15812.12	5495.48	6403.45
赤　峰　市	42531.34	15342.86	34040.98
锡林郭勒盟	29349.63	10479.75	13169.25
乌兰察布市	9424.93	5646.04	4637.96
鄂尔多斯市	72306.19	52842.48	62859.50
巴彦淖尔市	10270.56	3425.54	9375.00
乌　海　市	45966.97	35767.45	77071.14
阿 拉 善 盟	5173.52	3645.39	2543.66

1-B-6 分地区批发业法人企业财务状况(按登记注册类型分)

(内资企业) 单位:万元

地 区	资产总计	负债合计	营业收入
总 计	**52516555.11**	**38062928.61**	**63450408.89**
呼和浩特市	5939007.64	3751387.65	9628214.00
包 头 市	8517368.50	5361725.52	9127621.88
呼伦贝尔市	4537877.79	3010334.45	4406888.91
兴 安 盟	2593593.37	2115064.84	1597750.59
通 辽 市	2588823.62	1936073.14	2304923.50
赤 峰 市	4728658.27	4045203.33	3863244.17
锡林郭勒盟	1852066.18	1548706.51	1683633.27
乌兰察布市	723087.67	269095.27	985245.47
鄂尔多斯市	15991402.39	12373195.05	22541751.98
巴彦淖尔市	2129304.76	1328016.22	3169876.01
乌 海 市	1777528.53	1292152.96	2314954.50
阿 拉 善 盟	1137836.38	1031973.68	1826304.61

1-B-6 续表1

(国有企业) 单位:万元

地 区	资产总计	负债合计	营业收入
总 计	**2887504.70**	**1901580.84**	**3329966.15**
呼和浩特市	432492.44	206320.77	478583.12
包 头 市	228708.91	76167.27	366804.03
呼伦贝尔市	71673.94	21154.99	232577.89
兴 安 盟	1570619.56	1459742.53	798857.38
通 辽 市	73690.65	18500.24	214493.65
赤 峰 市	100598.65	25025.60	291486.92
锡林郭勒盟	29489.36	7529.03	116222.54
乌兰察布市	69021.66	8642.78	206126.44
鄂尔多斯市	154542.76	32495.79	327634.00
巴彦淖尔市	108309.60	39039.45	184135.69
乌 海 市	32556.18	2648.90	72688.70
阿 拉 善 盟	15801.01	4313.52	40355.79

1-B-6　续表 2

（有限责任公司）　单位:万元

地　区	资产总计	负债合计	营业收入
总　计	**26006223.38**	**18550871.69**	**32210119.29**
呼和浩特市	2721616.31	1437957.21	3331980.35
包 头 市	4459894.47	3011715.02	4050723.73
呼伦贝尔市	2662458.80	1646939.86	2187729.26
兴 安 盟	341654.10	210368.06	256277.85
通 辽 市	1614046.83	1313664.46	1248664.49
赤 峰 市	793571.16	638871.50	1149045.42
锡林郭勒盟	596000.99	472450.40	591752.73
乌兰察布市	235098.50	80265.60	343090.66
鄂尔多斯市	10370382.63	8187159.84	16548508.37
巴彦淖尔市	1119302.45	685935.35	1323401.45
乌 海 市	625930.91	398512.84	594799.95
阿拉善盟	466266.25	467031.56	584145.03

1-B-6　续表 3

（私营企业）　单位:万元

地　区	资产总计	负债合计	营业收入
总　计	**21607743.93**	**16549717.20**	**23467342.30**
呼和浩特市	2047690.25	1549686.42	2562431.18
包 头 市	3328354.98	2084425.90	4296895.34
呼伦贝尔市	1746375.47	1332381.91	1956546.28
兴 安 盟	636994.93	425304.88	520982.41
通 辽 市	857010.49	587360.11	807064.64
赤 峰 市	3755414.28	3357822.64	2293307.28
锡林郭勒盟	1184798.38	1059015.35	958626.13
乌兰察布市	339137.77	159325.46	363342.70
鄂尔多斯市	5338144.91	4085534.50	5441157.12
巴彦淖尔市	669266.65	516584.71	1465943.58
乌 海 市	1075991.70	849806.85	1612844.00
阿拉善盟	628564.13	542468.47	1188201.64

1-B-6 续表4

(港、澳、台商投资企业)　　单位:万元

地　区	资产总计	负债合计	营业收入
总　计	**146831.89**	**195503.47**	**159702.99**
呼和浩特市	5417.46	6176.68	14899.23
包 头 市	98414.38	152944.61	80557.59
呼伦贝尔市			
兴 安 盟			
通 辽 市			
赤 峰 市			
锡林郭勒盟	144.97	162.84	69.58
乌兰察布市			
鄂尔多斯市			
巴彦淖尔市	7689.44	943.57	10427.79
乌 海 市			
阿 拉 善 盟	35165.65	35275.77	53748.80

1-B-6 续表5

(外商投资企业)　　单位:万元

地　区	资产总计	负债合计	营业收入
总　计	**57855.66**	**36595.37**	**84342.60**
呼和浩特市	2071.26	1746.80	4882.74
包 头 市	129.64	164.56	1077.29
呼伦贝尔市	44343.68	27687.75	22507.28
兴 安 盟	2157.82	243.25	1445.29
通 辽 市			
赤 峰 市			
锡林郭勒盟	335.42	190.95	1278.56
乌兰察布市			
鄂尔多斯市	347.41	338.04	807.20
巴彦淖尔市			
乌 海 市	49.88		
阿 拉 善 盟	8420.56	6224.03	52344.23

1-B-7　分地区零售业法人企业基本情况

地　　区	法人单位数（个）	从业人员期末人数（人）	年末零售营业面积（万平方米）
总　　计	**44162**	**207252**	**1348.3**
呼和浩特市	7556	48120	245.6
包　头　市	6524	32687	181.3
呼伦贝尔市	3141	13782	101.5
兴　安　盟	1362	5864	33.2
通　辽　市	3923	18792	124.8
赤　峰　市	6054	24487	140.2
锡林郭勒盟	2819	11660	103.8
乌兰察布市	2988	12502	113.0
鄂尔多斯市	4977	20981	151.1
巴彦淖尔市	2393	9135	68.3
乌　海　市	1763	6589	50.8
阿 拉 善 盟	662	2653	34.7

1-B-8　分地区零售业法人企业基本情况（按国民经济行业分）

（综合零售）

地　　区	法人单位数（个）	从业人员期末人数（人）	年末零售营业面积（万平方米）
总　　计	**5292**	**37198**	**247.7**
呼和浩特市	834	12929	46.3
包　头　市	555	5797	56.3
呼伦贝尔市	389	2585	10.9
兴　安　盟	108	245	1.8
通　辽　市	490	2113	19.2
赤　峰　市	930	2344	16.3
锡林郭勒盟	257	1981	19.0
乌兰察布市	350	2501	16.4
鄂尔多斯市	730	4106	39.6
巴彦淖尔市	288	1298	13.1
乌　海　市	255	902	3.1
阿 拉 善 盟	106	397	5.8

1-B-8 续表1

（食品、饮料及烟草制品专门零售）

地　　区	法人单位数（个）	从业人员期末人数（人）	年末零售营业面积（万平方米）
总　　计	**4975**	**14831**	**77.2**
呼和浩特市	917	3042	7.5
包 头 市	770	2798	15.6
呼伦贝尔市	464	1053	3.7
兴 安 盟	100	228	3.2
通 辽 市	286	992	5.6
赤 峰 市	683	1608	8.9
锡林郭勒盟	397	1031	3.9
乌兰察布市	294	742	8.7
鄂尔多斯市	563	2078	15.8
巴彦淖尔市	310	745	2.4
乌 海 市	107	353	0.7
阿 拉 善 盟	84	161	1.3

1-B-8 续表2

（纺织、服装及日用品专门零售）

地　　区	法人单位数（个）	从业人员期末人数（人）	年末零售营业面积（万平方米）
总　　计	**2944**	**11044**	**59.6**
呼和浩特市	677	4142	9.7
包 头 市	598	2102	6.4
呼伦贝尔市	144	820	8.9
兴 安 盟	72	212	0.6
通 辽 市	214	520	2.3
赤 峰 市	362	1036	19.4
锡林郭勒盟	118	296	1.7
乌兰察布市	139	469	4.9
鄂尔多斯市	376	864	3.5
巴彦淖尔市	132	279	0.8
乌 海 市	92	209	1.4
阿 拉 善 盟	20	95	0.1

1-B-8　续表3

（文化、体育用品及器材专门零售）

地　　区	法人单位数（个）	从业人员期末人数（人）	年末零售营业面积（万平方米）
总　　计	**2259**	**8632**	**20.4**
呼和浩特市	502	3157	4.8
包 头 市	387	1319	3.1
呼伦贝尔市	182	411	1.0
兴 安 盟	48	154	0.3
通 辽 市	160	630	2.8
赤 峰 市	246	796	2.2
锡林郭勒盟	110	301	1.2
乌兰察布市	148	367	1.1
鄂尔多斯市	243	735	2.0
巴彦淖尔市	110	450	0.9
乌 海 市	73	198	0.6
阿 拉 善 盟	50	114	0.3

1-B-8　续表4

（医药及医疗器材专门零售）

地　　区	法人单位数（个）	从业人员期末人数（人）	年末零售营业面积（万平方米）
总　　计	**4131**	**25890**	**62.4**
呼和浩特市	799	5355	11.8
包 头 市	633	3554	6.2
呼伦贝尔市	171	1599	5.3
兴 安 盟	342	1125	3.0
通 辽 市	409	3462	8.6
赤 峰 市	653	4346	11.0
锡林郭勒盟	192	1381	2.4
乌兰察布市	255	1720	3.6
鄂尔多斯市	305	1403	6.2
巴彦淖尔市	182	1004	1.5
乌 海 市	138	708	2.3
阿 拉 善 盟	52	233	0.6

1-B-8 续表5

（汽车、摩托车、零配件和燃料及其他动力销售）

地区	法人单位数（个）	从业人员期末人数（人）	年末零售营业面积（万平方米）
总计	**8033**	**56668**	**561.1**
呼和浩特市	774	7842	43.9
包头市	871	7785	64.5
呼伦贝尔市	630	4092	60.1
兴安盟	369	3034	19.6
通辽市	955	6013	49.1
赤峰市	1045	7340	44.8
锡林郭勒盟	610	3699	63.8
乌兰察布市	731	4020	55.1
鄂尔多斯市	1054	7097	65.0
巴彦淖尔市	566	2786	39.6
乌海市	270	1888	34.6
阿拉善盟	158	1072	20.9

1-B-8 续表6

（家用电器及电子产品专门零售）

地区	法人单位数（个）	从业人员期末人数（人）	年末零售营业面积（万平方米）
总计	**5375**	**20992**	**57.9**
呼和浩特市	1061	4594	6.2
包头市	839	3671	13.8
呼伦贝尔市	384	1135	4.1
兴安盟	132	439	1.5
通辽市	526	2351	8.2
赤峰市	673	3132	6.1
锡林郭勒盟	278	942	3.5
乌兰察布市	448	1267	3.8
鄂尔多斯市	456	1397	5.4
巴彦淖尔市	282	1058	2.2
乌海市	209	783	2.7
阿拉善盟	87	223	0.5

1-B-8　续表7

（货摊、无店铺及其他零售）

地　　区	法人单位数（个）	从业人员期末人数（人）	年末零售营业面积（万平方米）
总　　计	**3320**	**11059**	**171.9**
呼和浩特市	667	2615	93.1
包　头　市	438	1488	3.2
呼伦贝尔市	309	984	4.6
兴　安　盟	92	214	2.2
通　辽　市	301	865	20.8
赤　峰　市	434	1481	19.1
锡林郭勒盟	256	702	3.1
乌兰察布市	197	515	13.2
鄂尔多斯市	249	773	4.2
巴彦淖尔市	228	931	3.5
乌　海　市	106	258	1.5
阿 拉 善 盟	43	233	3.3

1-B-9　分地区零售业法人企业基本情况（按登记注册类型分）

（内资企业）

地　　区	法人单位数（个）	从业人员期末人数（人）	年末零售营业面积（万平方米）
总　　计	**44135**	**205203**	**1341.9**
呼和浩特市	7547	46864	243.1
包　头　市	6521	32584	180.3
呼伦贝尔市	3136	13720	101.2
兴　安　盟	1362	5864	33.2
通　辽　市	3922	18496	123.8
赤　峰　市	6052	24485	140.1
锡林郭勒盟	2817	11655	103.8
乌兰察布市	2988	12502	113.0
鄂尔多斯市	4975	20681	149.8
巴彦淖尔市	2391	9110	68.2
乌　海　市	1762	6589	50.8
阿 拉 善 盟	662	2653	34.7

1-B-9 续表1

(国有企业)

地　　区	法人单位数（个）	从业人员期末人数（人）	年末零售营业面积（万平方米）
总　　计	**60**	**654**	**7.2**
呼和浩特市	7	71	0.2
包 头 市	6	30	0.2
呼伦贝尔市	15	277	2.4
兴 安 盟	NA	5	
通 辽 市	NA	5	
赤 峰 市	7	161	2.3
锡林郭勒盟	8	43	0.1
乌兰察布市	5	36	0.1
鄂尔多斯市	NA	12	1.7
巴彦淖尔市	NA	4	
乌 海 市	NA	3	
阿 拉 善 盟	NA	7	0.2

1-B-9 续表2

(有限责任公司)

地　　区	法人单位数（个）	从业人员期末人数（人）	年末零售营业面积（万平方米）
总　　计	**11049**	**71179**	**460.5**
呼和浩特市	1212	17755	90.8
包 头 市	2180	13302	84.5
呼伦贝尔市	795	4863	25.8
兴 安 盟	298	1121	7.5
通 辽 市	1283	6972	42.1
赤 峰 市	726	5555	20.7
锡林郭勒盟	700	3315	28.8
乌兰察布市	509	2531	28.2
鄂尔多斯市	1617	7075	52.0
巴彦淖尔市	984	5379	38.9
乌 海 市	506	2263	29.6
阿 拉 善 盟	239	1048	11.5

1-B-9　续表3

（私营企业）

地　　区	法人单位数（个）	从业人员期末人数（人）	年末零售营业面积（万平方米）
总　　计	**31803**	**116897**	**730.7**
呼和浩特市	6172	26969	147.1
包　头　市	4129	17339	72.9
呼伦贝尔市	2230	7035	37.4
兴　安　盟	1028	3816	23.6
通　辽　市	2536	9557	76
赤　峰　市	5195	16826	113.8
锡林郭勒盟	2043	6673	43.5
乌兰察布市	2405	8279	65.3
鄂尔多斯市	3104	12168	91
巴彦淖尔市	1338	3431	25.3
乌　海　市	1220	3711	20.8
阿拉善盟	403	1093	14.1

1-B-9　续表4

（港、澳、台商投资企业）

地　　区	法人单位数（个）	从业人员期末人数（人）	年末零售营业面积（万平方米）
总　　计	**12**	**1378**	**3.7**
呼和浩特市	NA	654	1.0
包　头　市	NA	40	
呼伦贝尔市	NA	58	0.3
兴　安　盟			
通　辽　市	NA	296	1.1
赤　峰　市			
锡林郭勒盟	NA	5	
乌兰察布市			
鄂尔多斯市	NA	300	1.3
巴彦淖尔市	NA	25	
乌　海　市			
阿拉善盟			

1-B-9 续表5

（外商投资企业）

地区	法人单位数（个）	从业人员期末人数（人）	年末零售营业面积（万平方米）
总计	**15**	**671**	**2.7**
呼和浩特市	6	602	1.6
包头市	NA	63	1.0
呼伦贝尔市	4	4	0.1
兴安盟			
通辽市			
赤峰市	NA	2	0.1
锡林郭勒盟			
乌兰察布市			
鄂尔多斯市			
巴彦淖尔市			
乌海市			
阿拉善盟			

1-B-10 分地区零售业法人企业基本情况（按零售业态分）

（有店铺零售）

地区	法人单位数（个）	从业人员期末人数（人）	年末零售营业面积（万平方米）
总计	**35011**	**180812**	**1270.6**
呼和浩特市	5164	39231	233.4
包头市	4876	27453	163.9
呼伦贝尔市	2434	12348	99.6
兴安盟	1263	5640	33.0
通辽市	3423	17205	116.5
赤峰市	5291	22932	127.4
锡林郭勒盟	2349	10712	97.1
乌兰察布市	2606	11629	109.6
鄂尔多斯市	3656	17135	141.5
巴彦淖尔市	1927	8143	65.0
乌海市	1469	5916	49.4
阿拉善盟	553	2468	34.3

1-B-10　续表1

（便利店）

地　　区	法人单位数（个）	从业人员期末人数（人）	年末零售营业面积（万平方米）
总　　计	**2767**	**16872**	**139.4**
呼和浩特市	426	2199	3.5
包　头　市	400	3462	25.1
呼伦贝尔市	150	1633	34.9
兴　安　盟	104	253	1.3
通　辽　市	182	638	3.5
赤　峰　市	432	2753	11.9
锡林郭勒盟	189	1772	33.2
乌兰察布市	196	870	4.3
鄂尔多斯市	339	1580	8.4
巴彦淖尔市	213	471	2.3
乌　海　市	100	709	0.6
阿拉善盟	36	532	10.3

1-B-10　续表2

（超市）

地　　区	法人单位数（个）	从业人员期末人数（人）	年末零售营业面积（万平方米）
总　　计	**1231**	**10799**	**44.0**
呼和浩特市	162	976	3.4
包　头　市	120	1385	3.8
呼伦贝尔市	96	803	2.9
兴　安　盟	125	362	2.0
通　辽　市	98	917	4.1
赤　峰　市	136	1110	4.7
锡林郭勒盟	91	1454	5.3
乌兰察布市	86	862	6.0
鄂尔多斯市	126	1875	7.7
巴彦淖尔市	46	293	1.0
乌　海　市	120	605	1.9
阿拉善盟	25	157	1.2

1-B-10 续表3

（百货店）

地　区	法人单位数（个）	从业人员期末人数（人）	年末零售营业面积（万平方米）
总　计	**4943**	**21463**	**153.8**
呼和浩特市	850	6992	29.1
包头市	614	3424	37.3
呼伦贝尔市	352	2336	10.9
兴安盟	117	278	1.0
通辽市	499	1412	10.3
赤峰市	852	1720	9.9
锡林郭勒盟	291	905	12.2
乌兰察布市	244	1422	9.1
鄂尔多斯市	635	1665	21.0
巴彦淖尔市	251	840	10.0
乌海市	153	328	1.0
阿拉善盟	85	141	2.1

1-B-10 续表4

（专业店）

地　区	法人单位数（个）	从业人员期末人数（人）	年末零售营业面积（万平方米）
总　计	**16118**	**72054**	**509.7**
呼和浩特市	2051	11204	53.2
包头市	2275	12505	64.3
呼伦贝尔市	1085	4669	30.8
兴安盟	667	2089	18.4
通辽市	1840	7800	57.6
赤峰市	2245	9943	65.3
锡林郭勒盟	1172	4254	25.5
乌兰察布市	1307	5865	59.6
鄂尔多斯市	1554	5652	52.6
巴彦淖尔市	936	4458	39.4
乌海市	686	2456	30.7
阿拉善盟	300	1159	12.4

1-B-10　续表5

（专卖店）

地　区	法人单位数（个）	从业人员期末人数（人）	年末零售营业面积（万平方米）
总　计	**8491**	**50741**	**260.2**
呼和浩特市	1216	11727	39.8
包头市	1176	6544	28.3
呼伦贝尔市	638	2617	15.1
兴安盟	301	2614	9.4
通辽市	770	5689	32.8
赤峰市	1554	7794	39.2
锡林郭勒盟	509	2497	19.6
乌兰察布市	694	2479	21.4
鄂尔多斯市	828	5294	27.9
巴彦淖尔市	417	1647	11.8
乌海市	301	1517	13.0
阿拉善盟	87	322	2.0

1-B-10　续表6

（购物中心）

地　区	法人单位数（个）	从业人员期末人数（人）	年末零售营业面积（万平方米）
总　计	**309**	**8586**	**84.3**
呼和浩特市	95	3972	7.7
包头市	43	767	9.0
呼伦贝尔市	17	1159	8.2
兴安盟	5	16	0.1
通辽市	28	654	12.1
赤峰市	32	232	1.1
锡林郭勒盟	11	271	9.1
乌兰察布市	14	258	6.8
鄂尔多斯市	30	508	16.4
巴彦淖尔市	21	560	9.9
乌海市	10	96	1.1
阿拉善盟	NA	93	2.8

1-B-10 续表7

(无店铺零售)

地区	法人单位数（个）	从业人员期末人数（人）	年末零售营业面积（万平方米）
总计	**10512**	**34387**	**154.9**
呼和浩特市	2592	11355	20.2
包头市	1837	5876	19.2
呼伦贝尔市	872	3162	37.3
兴安盟	135	294	1.4
通辽市	600	2265	13.9
赤峰市	907	1938	15.4
锡林郭勒盟	549	1333	8.4
乌兰察布市	451	1063	12.4
鄂尔多斯市	1528	4838	18.7
巴彦淖尔市	536	1185	4.3
乌海市	385	878	3.1
阿拉善盟	120	200	0.5

1-B-10 续表8

(网上商店)

地区	法人单位数（个）	从业人员期末人数（人）	年末零售营业面积（万平方米）
总计	**812**	**3727**	**8.9**
呼和浩特市	132	1591	3.9
包头市	126	330	0.4
呼伦贝尔市	74	228	0.2
兴安盟	38	89	
通辽市	56	258	1.8
赤峰市	83	168	0.7
锡林郭勒盟	55	174	0.2
乌兰察布市	60	157	0.5
鄂尔多斯市	60	466	0.7
巴彦淖尔市	109	229	0.4
乌海市	12	25	
阿拉善盟	7	12	

1-B-11　分地区零售业法人企业财务状况

单位：万元

地　　区	资产总计	负债合计	营业收入
总　　计	**14470560.91**	**10460056.72**	**17295205.75**
呼和浩特市	3671388.59	2588789.15	3962591.55
包 头 市	2520153.06	1720157.46	2831116.60
呼伦贝尔市	717415.86	548572.88	1058760.35
兴 安 盟	299931.58	221217.99	493824.38
通 辽 市	943721.63	683732.37	1368732.85
赤 峰 市	1367051.78	788596.18	1973043.06
锡林郭勒盟	831307.22	606785.47	803836.49
乌兰察布市	578514.75	370436.33	675669.91
鄂尔多斯市	2086310.39	1767673.50	2575636.86
巴彦淖尔市	516571.40	400403.11	644875.63
乌 海 市	655557.38	523964.45	661186.35
阿 拉 善 盟	282637.25	239727.82	245931.73

1-B-12　分地区零售业法人企业财务状况（按国民经济行业分）

（综合零售）　　单位：万元

地　　区	资产总计	负债合计	营业收入
总　　计	**1943394.34**	**1279534.82**	**1887724.44**
呼和浩特市	596520.69	370596.10	543077.64
包 头 市	319461.48	184682.73	522995.24
呼伦贝尔市	104613.79	59140.46	122684.64
兴 安 盟	14889.25	9077.20	2406.80
通 辽 市	170179.29	130405.18	96619.04
赤 峰 市	178380.13	61494.97	84722.16
锡林郭勒盟	85872.73	68680.50	72037.65
乌兰察布市	76233.42	50318.50	83309.67
鄂尔多斯市	255801.40	212564.08	233107.32
巴彦淖尔市	78457.17	76206.79	73898.19
乌 海 市	42664.08	44474.61	43352.24
阿 拉 善 盟	20320.91	11893.69	9513.84

1-B-12 续表1

（食品、饮料及烟草制品专门零售） 单位：万元

地区	资产总计	负债合计	营业收入
总计	**929607.03**	**623999.04**	**596744.86**
呼和浩特市	288648.96	233997.26	248858.27
包头市	149175.00	137815.10	101503.03
呼伦贝尔市	43227.11	31023.04	26869.32
兴安盟	9862.86	5950.00	4880.45
通辽市	42344.45	26718.98	31740.18
赤峰市	67584.74	22363.46	50790.42
锡林郭勒盟	46542.41	23128.67	19712.03
乌兰察布市	63578.01	33831.11	15162.53
鄂尔多斯市	154065.07	69778.39	61506.98
巴彦淖尔市	22310.82	12598.29	17711.85
乌海市	35812.94	23172.27	16427.14
阿拉善盟	6454.66	3622.47	1582.65

1-B-12 续表2

（纺织、服装及日用品专门零售） 单位：万元

地区	资产总计	负债合计	营业收入
总计	**544247.91**	**375222.65**	**541021.90**
呼和浩特市	252819.13	194996.80	300596.31
包头市	65114.20	44779.41	96540.02
呼伦贝尔市	54944.51	60703.07	39826.18
兴安盟	6367.28	5443.55	4056.40
通辽市	12943.54	9714.50	9630.19
赤峰市	36243.77	17080.64	24413.09
锡林郭勒盟	9327.07	3239.46	4243.19
乌兰察布市	16593.99	5023.34	11579.51
鄂尔多斯市	54436.59	20056.23	35722.29
巴彦淖尔市	3186.11	1722.46	6027.64
乌海市	24117.78	4791.02	6426.44
阿拉善盟	8153.95	7672.17	1960.64

1-B-12　续表 3

（文化、体育用品及器材专门零售）　　单位：万元

地　　区	资产总计	负债合计	营业收入
总　　计	**824652.51**	**521262.32**	**349887.39**
呼和浩特市	409545.94	211550.59	179928.78
包 头 市	74591.13	50263.13	53546.31
呼伦贝尔市	24667.46	20895.80	9717.53
兴 安 盟	6956.29	4382.18	4636.21
通 辽 市	28705.56	18932.89	19029.33
赤 峰 市	40310.10	32065.87	25915.36
锡林郭勒盟	18296.08	11144.32	6333.75
乌兰察布市	15613.26	7443.56	8624.91
鄂尔多斯市	158713.68	136131.44	27123.17
巴彦淖尔市	20214.22	11825.01	9565.40
乌 海 市	7055.28	3700.31	3400.69
阿 拉 善 盟	19983.52	12927.23	2065.96

1-B-12　续表 4

（医药及医疗器材专门零售）　　单位：万元

地　　区	资产总计	负债合计	营业收入
总　　计	**666354.61**	**486872.82**	**809752.31**
呼和浩特市	211930.94	172333.68	255550.37
包 头 市	114254.64	72518.32	111920.20
呼伦贝尔市	32552.18	24628.52	49105.46
兴 安 盟	13122.66	6410.35	13030.12
通 辽 市	70585.60	45601.69	97372.69
赤 峰 市	86530.79	65283.83	117815.60
锡林郭勒盟	19946.12	12880.80	18170.27
乌兰察布市	47474.80	32967.10	68028.52
鄂尔多斯市	27405.18	19751.05	36977.25
巴彦淖尔市	20072.42	15224.23	20811.32
乌 海 市	15727.34	13892.11	14981.03
阿 拉 善 盟	6751.94	5381.13	5989.49

1-B-12 续表5

（汽车、摩托车、零配件和燃料及其他动力销售） 单位：万元

地区	资产总计	负债合计	营业收入
总计	**5244435.44**	**4341216.55**	**10029501.25**
呼和浩特市	825225.01	661115.47	1609484.10
包头市	911699.66	687453.76	1341603.53
呼伦贝尔市	295177.88	240554.72	707964.45
兴安盟	199034.08	157771.82	425834.90
通辽市	409187.83	319683.51	909536.98
赤峰市	545076.43	368226.82	1270958.42
锡林郭勒盟	350958.85	292364.49	549940.19
乌兰察布市	236195.13	187727.50	379127.60
鄂尔多斯市	909463.45	928756.43	1884763.67
巴彦淖尔市	238957.00	206452.49	390833.97
乌海市	251118.24	225658.47	359321.17
阿拉善盟	72341.86	65451.07	200132.27

1-B-12 续表6

（家用电器及电子产品专门零售） 单位：万元

地区	资产总计	负债合计	营业收入
总计	**1466279.58**	**945939.50**	**1350905.75**
呼和浩特市	302043.54	190736.82	369770.72
包头市	374045.90	252642.86	278670.73
呼伦贝尔市	32504.43	20597.08	41910.39
兴安盟	23375.89	15531.00	32789.70
通辽市	74888.91	49443.63	109317.42
赤峰市	207747.12	103527.58	233236.90
锡林郭勒盟	182251.02	131216.32	51182.33
乌兰察布市	36532.53	20887.73	56890.99
鄂尔多斯市	142603.93	99275.68	90349.14
巴彦淖尔市	32051.77	23350.81	39238.59
乌海市	47046.80	32405.94	35751.07
阿拉善盟	11187.73	6324.05	11797.77

1-B-12　续表7

（五金、家具及室内装饰材料专门零售）　单位：万元

地　　区	资产总计	负债合计	营业收入
总　　计	**1523507.70**	**963052.90**	**978602.19**
呼和浩特市	275480.82	192432.37	187529.35
包　头　市	326763.32	150371.08	205356.43
呼伦贝尔市	66223.66	51727.75	29014.40
兴　安　盟	10759.14	6761.16	4827.47
通　辽　市	93528.81	55990.83	54017.46
赤　峰　市	117221.05	71734.89	109774.35
锡林郭勒盟	63680.60	30632.24	49706.01
乌兰察布市	34930.77	13737.08	30379.52
鄂尔多斯市	299773.13	206238.53	146063.56
巴彦淖尔市	31560.27	20341.48	18160.10
乌　海　市	187057.54	151897.30	140722.44
阿 拉 善 盟	16528.59	11188.20	3051.10

1-B-12　续表8

（货摊、无店铺及其他零售业）　单位：万元

地　　区	资产总计	负债合计	营业收入
总　　计	**1328081.79**	**922956.13**	**751065.67**
呼和浩特市	509173.57	361030.06	267796.02
包　头　市	185047.73	139631.08	118981.11
呼伦贝尔市	63504.84	39302.45	31667.99
兴　安　盟	15564.14	9890.73	1362.32
通　辽　市	41357.62	27241.16	41469.57
赤　峰　市	87957.65	46818.12	55416.75
锡林郭勒盟	54432.36	33498.67	32511.06
乌兰察布市	51362.84	18500.42	22566.65
鄂尔多斯市	84047.96	75121.66	60023.48
巴彦淖尔市	69761.63	32681.53	68628.56
乌　海　市	44957.37	23972.42	40804.14
阿 拉 善 盟	120914.08	115267.83	9838.01

1-B-13 分地区零售业法人企业财务状况(按登记注册类型分)

(内资企业) 单位:万元

地区	资产总计	负债合计	营业收入
总计	**14381100.39**	**10374516.21**	**17056515.37**
呼和浩特市	3633390.05	2540074.71	3821278.86
包头市	2512079.43	1713175.27	2816242.36
呼伦贝尔市	713872.35	545703.56	1048430.21
兴安盟	299931.58	221217.99	493824.38
通辽市	925006.13	668633.87	1338950.65
赤峰市	1366951.78	788596.18	1972953.06
锡林郭勒盟	829813.74	606781.28	803836.49
乌兰察布市	578514.75	370436.33	675669.91
鄂尔多斯市	2068833.39	1756759.20	2536126.56
巴彦淖尔市	514512.55	399445.54	642084.82
乌海市	655557.38	523964.45	661186.35
阿拉善盟	282637.25	239727.82	245931.73

1-B-13 续表1

(国有企业) 单位:万元

地区	资产总计	负债合计	营业收入
总计	**53165.78**	**31016.15**	**47683.16**
呼和浩特市	6059.86	3450.28	3312.75
包头市	693.14	839.83	1871.57
呼伦贝尔市	11067.26	8259.26	29167.85
兴安盟	43.37	7.26	20.76
通辽市	80.00		62.10
赤峰市	22198.77	15293.27	11094.13
锡林郭勒盟	6069.47	913.30	1247.34
乌兰察布市	403.29	158.15	446.66
鄂尔多斯市	1308.75	1725.95	
巴彦淖尔市	80.46	89.26	71.94
乌海市	4956.40		227.64
阿拉善盟	205.02	279.59	160.42

1-B-13　续表2

（有限责任公司）　单位:万元

地　区	资产总计	负债合计	营业收入
总　　计	**6018628.93**	**4503279.57**	**6523315.96**
呼和浩特市	1411258.24	1052526.87	1652059.33
包　头　市	1317488.78	857200.87	1454468.44
呼伦贝尔市	288022.41	220719.65	307701.31
兴　安　盟	48616.80	34708.80	53658.72
通　辽　市	443608.20	320468.51	501417.08
赤　峰　市	378988.85	179682.90	486677.96
锡林郭勒盟	276431.42	214739.00	154554.53
乌兰察布市	201181.61	146521.02	163104.50
鄂尔多斯市	831763.32	813113.77	957336.07
巴彦淖尔市	353380.55	283747.58	487039.11
乌　海　市	266648.72	198984.01	218478.42
阿拉善盟	201240.04	180866.59	86820.48

1-B-13　续表3

（私营企业）　单位:万元

地　区	资产总计	负债合计	营业收入
总　　计	**7261933.57**	**5011957.26**	**7128924.22**
呼和浩特市	1840696.02	1288306.89	1973633.91
包　头　市	1065076.10	785465.92	1071555.73
呼伦贝尔市	367825.23	262720.23	318235.27
兴　安　盟	200331.13	140609.46	213180.57
通　辽　市	413217.52	285187.82	414729.43
赤　峰　市	877627.23	518428.80	1036080.45
锡林郭勒盟	448557.62	306548.11	284621.94
乌兰察布市	333139.75	152496.92	311186.05
鄂尔多斯市	1161174.83	854877.24	1035567.15
巴彦淖尔市	149889.41	109258.70	146494.62
乌　海　市	324599.62	255686.82	287453.13
阿拉善盟	79799.12	52370.38	36185.98

1-B-13 续表4

（港、澳、台商投资企业） 单位：万元

地　　区	资产总计	负债合计	营业收入
总　　计	**73652.17**	**48554.09**	**184548.84**
呼和浩特市	27508.64	15752.24	100866.03
包　头　市	2908.40	3003.10	1318.70
呼伦贝尔市	3490.30	2824.20	10280.80
兴　安　盟			
通　辽　市	18715.50	15098.50	29782.20
赤　峰　市			
锡林郭勒盟	1493.48	4.18	
乌兰察布市			
鄂尔多斯市	17477.00	10914.30	39510.30
巴彦淖尔市	2058.85	957.57	2790.81
乌　海　市			
阿 拉 善 盟			

1-B-13 续表5

（外商投资企业） 单位：万元

地　　区	资产总计	负债合计	营业收入
总　　计	**15808.34**	**36986.41**	**54141.54**
呼和浩特市	10489.90	32962.19	40446.66
包　头　市	5165.24	3979.10	13555.54
呼伦贝尔市	53.21	45.12	49.34
兴　安　盟			
通　辽　市			
赤　峰　市	100.00		90.00
锡林郭勒盟			
乌兰察布市			
鄂尔多斯市			
巴彦淖尔市			
乌　海　市			
阿 拉 善 盟			

1-B-14　分地区零售业法人企业财务状况(按零售业态分)

(有店铺零售)　　单位:万元

地　　区	资产总计	负债合计	营业收入
总　　计	**11712963.85**	**8702987.13**	**15346485.05**
呼和浩特市	2658547.82	1879397.94	3149066.47
包 头 市	1930339.72	1425106.87	2438034.68
呼伦贝尔市	665975.15	515948.75	1022982.86
兴 安 盟	292551.80	217727.70	486726.98
通 辽 市	829862.43	604416.62	1229448.51
赤 峰 市	1263496.70	731958.09	1914194.87
锡林郭勒盟	719221.65	528519.31	764620.99
乌兰察布市	530136.61	342351.24	616764.82
鄂尔多斯市	1521565.31	1392417.96	2295363.36
巴彦淖尔市	468419.87	364104.89	596165.46
乌 海 市	568883.92	473479.39	592334.33
阿 拉 善 盟	263962.87	227558.37	240781.73

1-B-14　续表 1

(便利店)　　单位:万元

地　　区	资产总计	负债合计	营业收入
总　　计	**805020.22**	**704602.66**	**2748004.69**
呼和浩特市	68991.70	40443.86	148805.23
包 头 市	125707.86	108002.93	191777.11
呼伦贝尔市	63687.29	67750.37	398903.27
兴 安 盟	4902.33	1792.31	2241.18
通 辽 市	53614.51	49944.61	94000.15
赤 峰 市	152806.07	85856.62	588010.64
锡林郭勒盟	103373.01	99516.93	371011.03
乌兰察布市	66657.42	69585.53	96725.95
鄂尔多斯市	98651.45	106458.89	578421.20
巴彦淖尔市	16100.31	12546.52	12820.72
乌 海 市	47669.40	55620.39	140709.49
阿 拉 善 盟	2858.87	7083.70	124578.74

1-B-14 续表 2

（超市） 单位：万元

地区	资产总计	负债合计	营业收入
总计	**422873.58**	**275649.30**	**405092.56**
呼和浩特市	50804.30	28492.66	55391.28
包头市	24476.61	19938.64	32780.00
呼伦贝尔市	25794.01	20688.59	24811.29
兴安盟	9517.59	5432.34	4749.91
通辽市	25915.44	17122.98	24402.60
赤峰市	100771.32	33374.53	57833.70
锡林郭勒盟	40681.59	26389.96	50005.57
乌兰察布市	22490.92	13548.25	34302.47
鄂尔多斯市	71918.94	61579.94	82985.19
巴彦淖尔市	13122.31	10056.95	6916.54
乌海市	31312.53	34157.07	26495.83
阿拉善盟	6068.01	4867.38	4418.18

1-B-14 续表 3

（百货店） 单位：万元

地区	资产总计	负债合计	营业收入
总计	**1424182.79**	**927579.60**	**1205336.37**
呼和浩特市	454854.62	272633.69	367769.64
包头市	225952.62	106926.80	351275.86
呼伦贝尔市	108524.00	60623.59	120089.26
兴安盟	12066.69	7604.99	3632.66
通辽市	94259.83	67794.06	62598.90
赤峰市	90443.42	40000.52	50857.02
锡林郭勒盟	70820.10	59643.22	40255.61
乌兰察布市	49171.86	33191.97	54490.56
鄂尔多斯市	234126.84	211449.04	99299.68
巴彦淖尔市	59339.50	53107.44	42509.67
乌海市	13427.47	8873.01	10236.21
阿拉善盟	11195.86	5731.28	2321.30

1-B-14　续表4

（专业店）

单位:万元

地　区	资产总计	负债合计	营业收入
总　　计	**4384906.19**	**2973136.44**	**4991463.22**
呼和浩特市	657664.36	499423.50	841220.79
包 头 市	885292.56	630785.59	1119747.12
呼伦贝尔市	256814.68	191051.44	257693.00
兴 安 盟	74015.17	46480.32	55609.54
通 辽 市	272460.81	190591.69	554724.20
赤 峰 市	491758.00	274283.08	522011.15
锡林郭勒盟	353421.04	239679.42	195558.30
乌兰察布市	223171.27	111661.44	298061.03
鄂尔多斯市	488027.44	254669.66	494980.16
巴彦淖尔市	293538.06	222534.56	398388.32
乌 海 市	196385.69	140894.66	162373.68
阿 拉 善 盟	192357.11	171081.07	91095.95

1-B-14　续表5

（专卖店）

单位:万元

地　区	资产总计	负债合计	营业收入
总　　计	**4257961.24**	**3094165.10**	**5587722.35**
呼和浩特市	1244715.78	909638.02	1427808.57
包 头 市	626034.23	512428.78	714284.97
呼伦贝尔市	184517.48	135453.11	208174.09
兴 安 盟	180601.52	146253.04	404625.22
通 辽 市	316332.50	228779.00	446347.32
赤 峰 市	487880.01	303717.75	853858.58
锡林郭勒盟	182220.73	129585.10	171720.64
乌兰察布市	133196.98	83237.17	129659.84
鄂尔多斯市	558159.94	369761.56	889475.16
巴彦淖尔市	62557.61	37461.60	105823.77
乌 海 市	233239.01	210381.41	221980.41
阿 拉 善 盟	48505.45	27468.57	13963.78

1-B-14 续表6

（购物中心） 单位：万元

地 区	资产总计	负债合计	营业收入
总 计	**878446.23**	**647037.64**	**753865.07**
呼和浩特市	308826.97	241516.97	346472.51
包 头 市	118834.10	65981.67	124593.41
呼伦贝尔市	79696.75	68467.00	89276.51
兴 安 盟	31.89	1.48	21.81
通 辽 市	79119.24	61133.18	46977.50
赤 峰 市	69398.94	24404.74	29126.47
锡林郭勒盟	14500.20	10353.04	7796.06
乌兰察布市	16951.60	5897.40	2563.79
鄂尔多斯市	113784.48	109170.18	37243.88
巴彦淖尔市	52633.26	52554.58	53053.57
乌 海 市	21597.53	5925.79	15947.40
阿 拉 善 盟	3071.28	1631.60	792.16

1-B-14 续表7

（无店铺零售） 单位：万元

地 区	资产总计	负债合计	营业收入
总 计	**3254012.99**	**2105942.53**	**2948558.60**
呼和浩特市	1134085.31	790941.60	1050566.34
包 头 市	630932.21	329278.34	434134.69
呼伦贝尔市	119121.76	106202.63	446968.50
兴 安 盟	9525.96	4447.54	7794.83
通 辽 市	182069.56	136801.14	256792.57
赤 峰 市	124834.13	69946.90	88893.72
锡林郭勒盟	136931.55	95394.05	47256.32
乌兰察布市	73118.77	30169.80	71908.38
鄂尔多斯市	668925.42	424761.54	402662.28
巴彦淖尔市	50477.58	37399.89	53547.48
乌 海 市	104805.90	67977.96	82681.73
阿 拉 善 盟	19184.83	12621.14	5351.76

1-B-14　续表 8

（网上商店）　　单位：万元

地　　区	资产总计	负债合计	营业收入
总　　计	**172595.66**	**94840.90**	**205124.88**
呼和浩特市	68280.90	53908.68	120228.42
包 头 市	21257.93	18163.45	5998.61
呼伦贝尔市	2684.87	760.87	3049.47
兴 安 盟	879.44	381.14	155.61
通 辽 市	13715.97	6226.93	39973.99
赤 峰 市	6273.80	1268.00	1312.56
锡林郭勒盟	13677.30	6780.76	1943.92
乌兰察布市	19969.44	1316.04	18141.37
鄂尔多斯市	22340.47	4266.10	11266.54
巴彦淖尔市	2189.76	1161.45	2674.12
乌 海 市	1007.78	558.70	372.84
阿 拉 善 盟	318.01	48.79	7.43

第二篇

住宿和餐饮业企业基本情况及财务状况篇

A. 行业部分

2-A-1　住宿业法人企业基本情况

分　组	法人单位数（个）	从业人员期末人数（人）
住宿业	**1936**	**36099**
按国民经济行业分组		
旅游饭店	696	19864
一般旅馆	1052	14400
经济型连锁酒店	106	1433
其他一般旅馆	946	12967
民宿服务	32	247
露营地服务	NA	2
其他住宿业	154	1586
按登记注册类型分组		
内资企业	1929	35219
国有企业	50	2339
集体企业	17	118
股份合作企业	NA	53
联营企业	4	59
国有联营企业	NA	13
集体联营企业	NA	46
国有与集体联营企业		
其他联营企业		
有限责任公司	588	15432
国有独资公司	11	1760
其他有限责任公司	577	13672
股份有限公司	48	786
私营企业	1196	16279
私营独资企业	173	1583
私营合伙企业	11	137
私营有限责任公司	979	14139
私营股份有限公司	33	420
其他企业	25	153
港、澳、台商投资企业	5	831
与港澳台商合资经营企业		
与港澳台商合作经营企业		
港澳台商独资经营企业	5	831
港澳台商投资股份有限公司		
其他港澳台投资企业		
外商投资企业	NA	49
中外合资经营企业		
中外合作经营企业		
外资企业	NA	49
外商投资股份有限公司		
其他外商投资		
按星级分组		
一星	30	178
二星	70	1686
三星	167	4965
四星	75	5865
五星	24	4227
其他	1570	19178

2-A-2 住宿业法人企业财务状况

单位:万元

分 组	资产总计	负债合计	营业收入
住宿业	**1976041.11**	**1472055.82**	**447456.65**
按国民经济行业分组			
旅游饭店	1157549.87	836261.60	265370.23
一般旅馆	774266.57	603411.53	163311.47
经济型连锁酒店	51787.28	40270.08	15375.92
其他一般旅馆	722479.29	563141.45	147935.55
民宿服务	6630.45	4063.84	2117.93
露营地服务	192.68	44.63	
其他住宿业	37401.55	28274.22	16657.02
按登记注册类型分组			
内资企业	1860544.21	1402104.91	423442.44
国有企业	69948.80	42579.00	22470.78
集体企业	2590.62	2246.94	1185.03
股份合作企业	431.10	269.10	303.10
联营企业	1693.55	2427.55	1544.61
国有联营企业	0.73		54.67
集体联营企业	1692.82	2427.55	1489.94
国有与集体联营企业			
其他联营企业			
有限责任公司	850565.61	623731.80	206846.37
国有独资公司	90543.31	60363.45	28403.36
其他有限责任公司	760022.30	563368.35	178443.01
股份有限公司	28187.02	11836.32	8739.28
私营企业	903933.83	718539.20	181988.73
私营独资企业	64863.91	33743.26	13132.76
私营合伙企业	2296.75	1182.08	1120.37
私营有限责任公司	813983.54	670009.75	164127.62
私营股份有限公司	22789.63	13604.11	3607.99
其他企业	3193.69	475.00	364.55
港、澳、台商投资企业	114736.50	69166.41	22409.19
与港澳台商合资经营企业			
与港澳台商合作经营企业			
港澳台商独资经营企业	114736.50	69166.41	22409.19
港澳台商投资股份有限公司			
其他港澳台投资企业			
外商投资企业	760.40	784.50	1605.02
中外合资经营企业			
中外合作经营企业			
外资企业	760.40	784.50	1605.02
外商投资股份有限公司			
其他外商投资			
按星级分组			
一星	7658.14	4436.70	2055.92
二星	56073.90	43417.22	13630.72
三星	274533.22	197190.32	56215.77
四星	267748.04	201871.15	83070.06
五星	453976.06	356159.93	77112.78
其他	916051.74	668980.51	215371.40

2-A-3　餐饮业法人企业基本情况

分　组	法人单位数（个）	从业人员期末人数（人）	年末餐饮营业面积（万平方米）
餐饮业	**2422**	**42054**	**295.97**
按国民经济行业分组			
正餐服务	2140	39145	287.54
快餐服务	110	1432	5.00
饮料及冷饮服务	18	29	0.57
餐饮配送及外卖送餐服务	75	1103	0.62
餐饮配送服务	39	717	0.33
外卖送餐服务	36	386	0.29
其他餐饮业	79	345	2.24
小吃服务	28	85	0.39
其他未列明餐饮业	51	260	1.85
按登记注册类型分组			
内资企业	2417	41158	294.84
国有企业	15	1234	5.44
集体企业	5	141	0.67
股份合作企业	NA	58	0.15
联营企业			
有限责任公司	652	14751	107.49
国有独资公司	8	518	3.56
其他有限责任公司	644	14233	103.93
股份有限公司	53	2734	6.51
私营企业	1669	22188	174.05
私营独资企业	125	2156	18.71
私营合伙企业	15	239	1.46
私营有限责任公司	1473	18659	142.42
私营股份有限公司	56	1134	11.45
其他企业	21	52	0.55
港、澳、台商投资企业	NA	169	0.17
与港澳台商合资经营企业			
与港澳台商合作经营企业			
港澳台商独资经营企业	NA	169	0.17
港澳台商投资股份有限公司			
其他港澳台投资企业			
外商投资企业	4	727	0.96
中外合资经营企业	NA	7	0.01
中外合作经营企业			
外资企业	NA	720	0.95
外商投资股份有限公司			
其他外商投资			

2-A-4 餐饮业法人企业财务状况

单位:万元

分　组	资产总计	负债合计	营业收入
餐饮业	**1556739.04**	**1172860.78**	**631435.38**
按国民经济行业分组			
正餐服务	1505657.13	1146963.65	592493.57
快餐服务	32114.55	15147.72	32701.13
饮料及冷饮服务	600.20	101.07	99.56
餐饮配送及外卖送餐服务	5412.01	4081.61	4014.50
餐饮配送服务	4633.08	3431.51	1268.84
外卖送餐服务	778.93	650.10	2745.66
其他餐饮业	12955.15	6566.73	2126.62
小吃服务	258.98	155.02	276.76
其他未列明餐饮业	12696.17	6411.71	1849.86
按登记注册类型分组			
内资企业	1504332.90	1137889.75	599210.98
国有企业	115548.52	41098.25	11098.00
集体企业	350.27		1072.89
股份合作企业	847.30	573.10	450.20
联营企业			
有限责任公司	558529.25	504312.59	203220.77
国有独资公司	16664.15	4317.54	5125.19
其他有限责任公司	541865.10	499995.05	198095.58
股份有限公司	132727.01	60723.69	123482.00
私营企业	692575.29	530783.48	259709.74
私营独资企业	84072.06	34953.32	20683.92
私营合伙企业	7881.70	2584.47	1202.38
私营有限责任公司	568703.46	479091.13	212202.74
私营股份有限公司	31918.07	14154.55	25620.70
其他企业	3755.27	398.64	177.38
港、澳、台商投资企业	1869.20	579.90	3220.30
与港澳台商合资经营企业			
与港澳台商合作经营企业			
港澳台商独资经营企业	1869.20	579.90	3220.30
港澳台商投资股份有限公司			
其他港澳台投资企业			
外商投资企业	50536.94	34391.13	29004.10
中外合资经营企业	52.80		18.00
中外合作经营企业			
外资企业	50484.14	34391.13	28986.10
外商投资股份有限公司			
其他外商投资			

B. 地区部分

2-B-1　分地区住宿业法人企业基本情况

地　　区	法人单位数（个）	年末从业人数（人）
总　　计	**1936**	**36099**
呼和浩特市	229	8912
包 头 市	190	3915
呼伦贝尔市	327	5032
兴 安 盟	71	1117
通 辽 市	115	2504
赤 峰 市	248	3994
锡林郭勒盟	186	2676
乌兰察布市	212	2157
鄂尔多斯市	180	2718
巴彦淖尔市	56	665
乌 海 市	56	972
阿 拉 善 盟	66	1437

2-B-2　分地区住宿业法人企业基本情况（按国民经济行业分）

（旅游饭店）

地　　区	法人单位数（个）	年末从业人数（人）
总　　计	**696**	**19864**
呼和浩特市	86	6630
包 头 市	36	2288
呼伦贝尔市	147	1975
兴 安 盟	33	778
通 辽 市	23	734
赤 峰 市	116	2312
锡林郭勒盟	64	1298
乌兰察布市	60	657
鄂尔多斯市	84	1715
巴彦淖尔市	8	27
乌 海 市	13	388
阿 拉 善 盟	26	1062

2-B-2 续表1

（一般旅馆）

地 区	法人单位数（个）	年末从业人数（人）
总 计	**1052**	**14400**
呼和浩特市	118	1895
包 头 市	136	1482
呼伦贝尔市	159	2788
兴 安 盟	35	332
通 辽 市	77	1658
赤 峰 市	104	1480
锡林郭勒盟	103	1243
乌兰察布市	122	1091
鄂尔多斯市	80	893
巴彦淖尔市	47	635
乌 海 市	32	537
阿 拉 善 盟	39	366

2-B-2 续表2

（民宿服务）

地 区	法人单位数（个）	年末从业人数（人）
总 计	**32**	**247**
呼和浩特市	4	34
包 头 市		
呼伦贝尔市	4	5
兴 安 盟	NA	7
通 辽 市		
赤 峰 市	NA	21
锡林郭勒盟	4	16
乌兰察布市	4	45
鄂尔多斯市	5	79
巴彦淖尔市		
乌 海 市	6	31
阿 拉 善 盟	NA	9

2-B-2　续表3

（其他住宿业）

地　　区	法人单位数（个）	年末从业人数（人）
总　　计	**154**	**1586**
呼和浩特市	21	353
包　头　市	18	145
呼伦贝尔市	17	264
兴　安　盟		
通　辽　市	14	112
赤　峰　市	26	181
锡林郭勒盟	15	119
乌兰察布市	26	364
鄂尔多斯市	11	31
巴彦淖尔市	NA	3
乌　海　市	4	14
阿　拉　善　盟		

2-B-3　分地区住宿业法人企业基本情况（按登记注册类型分）

（内资企业）

地　　区	法人单位数（个）	年末从业人数（人）
总　　计	**1929**	**35219**
呼和浩特市	226	8578
包　头　市	188	3569
呼伦贝尔市	326	4877
兴　安　盟	71	1117
通　辽　市	115	2504
赤　峰　市	248	3994
锡林郭勒盟	186	2676
乌兰察布市	211	2112
鄂尔多斯市	180	2718
巴彦淖尔市	56	665
乌　海　市	56	972
阿　拉　善　盟	66	1437

2-B-3 续表1

(国有企业)

地　　区	法人单位数（个）	年末从业人数（人）
总　　计	**50**	**2339**
呼和浩特市	10	514
包 头 市	NA	191
呼伦贝尔市	17	496
兴 安 盟	NA	226
通 辽 市	NA	197
赤 峰 市	8	312
锡林郭勒盟	NA	132
乌兰察布市	NA	20
鄂尔多斯市		
巴彦淖尔市	NA	6
乌 海 市		
阿 拉 善 盟	NA	245

2-B-3 续表2

(有限责任公司)

地　　区	法人单位数（个）	年末从业人数（人）
总　　计	**588**	**15432**
呼和浩特市	65	4596
包 头 市	80	1968
呼伦贝尔市	89	2266
兴 安 盟	18	307
通 辽 市	40	677
赤 峰 市	66	2022
锡林郭勒盟	57	1052
乌兰察布市	37	449
鄂尔多斯市	62	830
巴彦淖尔市	30	297
乌 海 市	12	204
阿 拉 善 盟	32	764

2-B-3　续表 3

（私营企业）

地　　区	法人单位数（个）	年末从业人数（人）
总　　计	**1196**	**16279**
呼和浩特市	140	3213
包 头 市	98	1305
呼伦贝尔市	205	2016
兴 安 盟	47	583
通 辽 市	68	1528
赤 峰 市	152	1399
锡林郭勒盟	118	1402
乌兰察布市	165	1623
鄂尔多斯市	113	1859
巴彦淖尔市	23	305
乌 海 市	41	681
阿 拉 善 盟	26	365

2-B-3　续表 4

（港、澳、台商投资企业）

地　　区	法人单位数（个）	年末从业人数（人）
总　　计	**5**	**831**
呼和浩特市	NA	302
包 头 市	NA	329
呼伦贝尔市	NA	155
兴 安 盟		
通 辽 市		
赤 峰 市		
锡林郭勒盟		
乌兰察布市	NA	45
鄂尔多斯市		
巴彦淖尔市		
乌 海 市		
阿 拉 善 盟		

2-B-3 续表5

(外商投资企业)

地 区	法人单位数(个)	年末从业人数(人)
总 计	NA	**49**
呼和浩特市	NA	32
包 头 市	NA	17
呼伦贝尔市		
兴 安 盟		
通 辽 市		
赤 峰 市		
锡林郭勒盟		
乌兰察布市		
鄂尔多斯市		
巴彦淖尔市		
乌 海 市		
阿 拉 善 盟		

2-B-4 分地区住宿业法人企业财务状况

单位:万元

地 区	资产总计	负债合计	营业收入
总 计	**1976041.11**	**1472055.82**	**447456.65**
呼和浩特市	474507.23	386254.93	135365.17
包 头 市	220305.73	152009.33	53941.70
呼伦贝尔市	288413.24	200085.00	60023.38
兴 安 盟	70059.58	60585.03	8783.39
通 辽 市	129753.16	108386.14	30195.20
赤 峰 市	210329.49	130307.97	50489.83
锡林郭勒盟	137742.00	110212.82	22983.64
乌兰察布市	96893.71	43840.83	17249.14
鄂尔多斯市	183319.42	151578.17	33361.30
巴彦淖尔市	19761.30	12307.42	8202.39
乌 海 市	40471.70	36678.57	9708.26
阿 拉 善 盟	104484.56	79809.61	17153.26

2-B-5　分地区住宿业法人企业财务状况(按国民经济行业分)

(旅游饭店)　　单位:万元

地　　区	资产总计	负债合计	营业收入
总　　计	**1157549.87**	**836261.60**	**265370.23**
呼和浩特市	244120.16	182677.94	104073.87
包 头 市	185670.57	129165.85	37819.43
呼伦贝尔市	168710.47	100877.71	25292.44
兴 安 盟	58133.38	55588.44	6804.26
通 辽 市	53358.12	42358.32	9151.23
赤 峰 市	151927.51	104222.73	28846.07
锡林郭勒盟	69913.46	52658.47	10860.89
乌兰察布市	34843.37	10278.29	4407.90
鄂尔多斯市	109647.66	100578.81	20802.06
巴彦淖尔市	2312.11	2058.13	113.28
乌 海 市	3809.29	1712.95	3461.36
阿 拉 善 盟	75103.78	54083.97	13737.43

2-B-5　续表1

(一般旅馆)　　单位:万元

地　　区	资产总计	负债合计	营业收入
总　　计	**774266.57**	**603411.53**	**163311.47**
呼和浩特市	226299.29	194816.98	26983.94
包 头 市	33162.25	21441.36	14538.90
呼伦贝尔市	112240.90	93265.33	32085.69
兴 安 盟	11746.19	4995.27	1940.60
通 辽 市	74308.75	64471.97	20448.29
赤 峰 市	52651.78	22586.20	19553.05
锡林郭勒盟	66107.64	56486.16	11451.63
乌兰察布市	49035.70	26392.22	8085.16
鄂尔多斯市	66516.99	48553.87	10886.13
巴彦淖尔市	17449.19	10249.29	8089.11
乌 海 市	35371.61	34427.25	5878.14
阿 拉 善 盟	29376.28	25725.64	3370.83

2-B-5 续表2

(民宿服务)

单位:万元

地　区	资产总计	负债合计	营业收入
总　计	**6630.45**	**4063.84**	**2117.93**
呼和浩特市	301.54	411.37	444.06
包 头 市			
呼伦贝尔市	24.75	14.85	33.92
兴 安 盟	180.01	1.32	38.53
通 辽 市			
赤 峰 市	214.61	381.92	542.67
锡林郭勒盟	890.14	797.91	109.72
乌兰察布市	162.50		264.87
鄂尔多斯市	4716.59	2330.59	395.60
巴彦淖尔市			
乌 海 市	135.81	125.88	243.57
阿 拉 善 盟	4.50		45.00

2-B-5 续表3

(其他住宿业)

单位:万元

地　区	资产总计	负债合计	营业收入
总　计	**37401.55**	**28274.22**	**16657.02**
呼和浩特市	3786.24	8348.64	3863.30
包 头 市	1472.91	1402.13	1583.37
呼伦贝尔市	7437.12	5927.12	2611.33
兴 安 盟			
通 辽 市	2086.29	1555.85	595.68
赤 峰 市	5535.60	3117.12	1548.04
锡林郭勒盟	830.76	270.27	561.39
乌兰察布市	12852.14	7170.32	4491.20
鄂尔多斯市	2438.18	114.89	1277.52
巴彦淖尔市			
乌 海 市	962.31	367.87	125.19
阿 拉 善 盟			

2-B-6 分地区住宿业法人企业财务状况(按登记注册类型分)

(内资企业) 单位:万元

地 区	资产总计	负债合计	营业收入
总 计	**1860544.21**	**1402104.91**	**423442.44**
呼和浩特市	437390.43	366700.33	124441.11
包 头 市	185807.33	122149.43	44270.78
呼伦贝尔市	244874.64	180326.50	56685.18
兴 安 盟	70059.58	60585.03	8783.39
通 辽 市	129753.16	108386.14	30195.20
赤 峰 市	210329.49	130307.97	50489.83
锡林郭勒盟	137742.00	110212.82	22983.64
乌兰察布市	96550.60	43062.91	17168.11
鄂尔多斯市	183319.42	151578.17	33361.30
巴彦淖尔市	19761.30	12307.42	8202.39
乌 海 市	40471.70	36678.57	9708.26
阿拉善盟	104484.56	79809.61	17153.26

2-B-6 续表1

(国有企业) 单位:万元

地 区	资产总计	负债合计	营业收入
总 计	**69948.80**	**42579.00**	**22470.78**
呼和浩特市	19316.49	10988.39	8590.34
包 头 市	1109.63	376.45	1424.17
呼伦贝尔市	9695.91	6661.54	2544.04
兴 安 盟	754.36	2156.82	1126.85
通 辽 市	14240.73	11429.53	1246.42
赤 峰 市	12960.84	3365.00	2405.69
锡林郭勒盟	5581.30	4715.40	893.50
乌兰察布市	337.81	488.02	66.60
鄂尔多斯市			
巴彦淖尔市	38.33	23.94	50.57
乌 海 市			
阿拉善盟	5913.40	2373.90	4122.60

2-B-6 续表2

(有限责任公司) 单位:万元

地 区	资产总计	负债合计	营业收入
总 计	**850565.61**	**623731.80**	**206846.37**
呼和浩特市	183498.68	130120.06	65820.86
包 头 市	112515.80	53384.12	28287.08
呼伦贝尔市	97389.91	94405.40	32119.19
兴 安 盟	31778.63	24762.73	2165.68
通 辽 市	68711.56	39578.97	11251.56
赤 峰 市	115694.17	96304.42	28882.45
锡林郭勒盟	50399.01	29640.95	8882.49
乌兰察布市	13653.49	7590.51	4870.20
鄂尔多斯市	70526.66	64422.10	10025.56
巴彦淖尔市	11135.23	6952.16	3380.15
乌 海 市	18397.08	17867.22	2691.56
阿 拉 善 盟	76865.40	58703.16	8469.58

2-B-6 续表3

(私营企业) 单位:万元

地 区	资产总计	负债合计	营业收入
总 计	**903933.83**	**718539.20**	**181988.73**
呼和浩特市	229284.42	222477.45	46567.66
包 头 市	70614.64	65415.15	13249.26
呼伦贝尔市	129580.05	75635.83	21038.68
兴 安 盟	37226.59	33665.48	5414.86
通 辽 市	46050.97	56971.24	16895.52
赤 峰 市	73846.94	26072.47	16327.96
锡林郭勒盟	78633.49	74544.27	12853.59
乌兰察布市	78601.63	34544.79	12141.97
鄂尔多斯市	111602.39	87117.13	22506.29
巴彦淖尔市	6250.47	5329.37	4389.71
乌 海 市	21559.07	18811.34	6359.99
阿 拉 善 盟	20683.18	17954.68	4243.22

2-B-6　续表4

（港、澳、台商投资企业）　　单位:万元

地　区	资产总计	负债合计	营业收入
总　计	**114736.50**	**69166.41**	**22409.19**
呼和浩特市	36929.80	19550.20	9953.66
包 头 市	33925.00	29079.80	9036.30
呼伦贝尔市	43538.60	19758.50	3338.20
兴 安 盟			
通 辽 市			
赤 峰 市			
锡林郭勒盟			
乌兰察布市	343.10	777.91	81.03
鄂尔多斯市			
巴彦淖尔市			
乌 海 市			
阿 拉 善 盟			

2-B-6　续表5

（外商投资企业）　　单位:万元

地　区	资产总计	负债合计	营业收入
总　计	**760.40**	**784.50**	**1605.02**
呼和浩特市	187.00	4.40	970.40
包 头 市	573.40	780.10	634.62
呼伦贝尔市			
兴 安 盟			
通 辽 市			
赤 峰 市			
锡林郭勒盟			
乌兰察布市			
鄂尔多斯市			
巴彦淖尔市			
乌 海 市			
阿 拉 善 盟			

2-B-7 分地区餐饮业法人企业基本情况

地　　区	法人单位数（个）	从业人员期末人数（人）	年末餐饮营业面积（万平方米）
总　　计	**2422**	**42054**	**295.97**
呼和浩特市	447	8401	42.60
包 头 市	393	8422	52.03
呼伦贝尔市	227	2409	22.22
兴 安 盟	116	1229	12.03
通 辽 市	147	1759	10.02
赤 峰 市	279	3468	22.60
锡林郭勒盟	131	1423	19.65
乌兰察布市	211	3631	39.26
鄂尔多斯市	272	7721	51.09
巴彦淖尔市	93	2130	13.50
乌 海 市	61	942	6.46
阿拉善盟	45	519	4.53

2-B-8 分地区餐饮业法人企业基本情况（按国民经济行业分）

（正餐服务）

地　　区	法人单位数（个）	从业人员期末人数（人）	年末餐饮营业面积（万平方米）
总　　计	**2140**	**39145**	**287.54**
呼和浩特市	404	7693	41.33
包 头 市	364	8290	51.76
呼伦贝尔市	205	2199	21.97
兴 安 盟	96	1055	11.85
通 辽 市	130	1593	9.73
赤 峰 市	221	3277	21.53
锡林郭勒盟	118	1315	18.42
乌兰察布市	188	3484	38.86
鄂尔多斯市	251	7205	47.96
巴彦淖尔市	76	1622	13.34
乌 海 市	49	927	6.31
阿拉善盟	38	485	4.47

2-B-8　续表1

（快餐服务）

地　　区	法人单位数（个）	从业人员期末人数（人）	年末餐饮营业面积（万平方米）
总　　计	**110**	**1432**	**5.00**
呼和浩特市	17	586	0.72
包　头　市	14	32	0.15
呼伦贝尔市	7	45	0.12
兴　安　盟	4	8	0.07
通　辽　市	7	67	0.18
赤　峰　市	34	134	0.74
锡林郭勒盟	NA	22	0.01
乌兰察布市	5	27	0.07
鄂尔多斯市	9	488	2.82
巴彦淖尔市	5	17	0.04
乌　海　市	NA	4	0.07
阿 拉 善 盟	NA	2	0.01

2-B-8　续表2

（饮料及冷饮服务）

地　　区	法人单位数（个）	从业人员期末人数（人）	年末餐饮营业面积（万平方米）
总　　计	**18**	**29**	**0.57**
呼和浩特市	NA	3	0.07
包　头　市	NA	2	0.02
呼伦贝尔市			
兴　安　盟			
通　辽　市			0.03
赤　峰　市	NA	6	0.11
锡林郭勒盟			
乌兰察布市	NA	6	0.03
鄂尔多斯市	NA	3	0.25
巴彦淖尔市			
乌　海　市	NA	9	0.07
阿 拉 善 盟			

2-B-8 续表3

（餐饮配送及外卖送餐服务）

地 区	法人单位数（个）	从业人员期末人数（人）	年末餐饮营业面积（万平方米）
总 计	**75**	**1103**	**0.62**
呼和浩特市	9	22	0.09
包 头 市	6	22	0.03
呼伦贝尔市	11	164	0.12
兴 安 盟	12	139	0.05
通 辽 市	4	97	0.04
赤 峰 市	NA	4	0.02
锡林郭勒盟	7	29	0.07
乌兰察布市	9	108	0.11
鄂尔多斯市	NA	6	0.01
巴彦淖尔市	5	485	0.05
乌 海 市	NA	1	0.01
阿拉善盟	4	26	0.03

2-B-8 续表4

（其他餐饮业）

地 区	法人单位数（个）	从业人员期末人数（人）	年末餐饮营业面积（万平方米）
总 计	**79**	**345**	**2.24**
呼和浩特市	14	97	0.39
包 头 市	7	76	0.07
呼伦贝尔市	NA	1	0.01
兴 安 盟	4	27	0.06
通 辽 市	4	2	0.04
赤 峰 市	20	47	0.20
锡林郭勒盟	5	57	1.15
乌兰察布市	6	6	0.18
鄂尔多斯市	6	19	0.06
巴彦淖尔市	7	6	0.07
乌 海 市	NA	1	
阿拉善盟	NA	6	0.02

2-B-9　分地区餐饮业法人企业基本情况(按登记注册类型分)

(内资企业)

地　　区	法人单位数(个)	从业人员期末人数(人)	年末餐饮营业面积(万平方米)
总　　计	**2417**	**41158**	**294.84**
呼和浩特市	445	8231	42.37
包　头　市	392	7703	51.14
呼伦贝尔市	226	2409	22.21
兴　安　盟	116	1229	12.03
通　辽　市	147	1759	10.02
赤　峰　市	279	3468	22.60
锡林郭勒盟	130	1416	19.64
乌兰察布市	211	3631	39.26
鄂尔多斯市	272	7721	51.09
巴彦淖尔市	93	2130	13.50
乌　海　市	61	942	6.46
阿拉善盟	45	519	4.53

2-B-9　续表1

(国有企业)

地　　区	法人单位数(个)	从业人员期末人数(人)	年末餐饮营业面积(万平方米)
总　　计	**15**	**1234**	**5.44**
呼和浩特市	NA	70	2.18
包　头　市	NA	567	0.80
呼伦贝尔市	4	158	1.38
兴　安　盟			
通　辽　市			
赤　峰　市			
锡林郭勒盟	NA	120	0.29
乌兰察布市			
鄂尔多斯市	NA	273	0.25
巴彦淖尔市			
乌　海　市			
阿拉善盟	NA	46	0.41

2-B-9 续表2

（有限责任公司）

地　　区	法人单位数（个）	从业人员期末人数（人）	年末餐饮营业面积（万平方米）
总　　计	**652**	**14751**	**107.49**
呼和浩特市	102	4155	15.82
包 头 市	128	2008	19.49
呼伦贝尔市	53	668	5.70
兴 安 盟	22	114	2.55
通 辽 市	53	840	5.54
赤 峰 市	49	915	5.47
锡林郭勒盟	33	450	4.34
乌兰察布市	45	1564	15.22
鄂尔多斯市	93	2524	23.37
巴彦淖尔市	40	1002	5.93
乌 海 市	16	227	2.45
阿拉善盟	18	284	1.62

2-B-9 续表3

（私营企业）

地　　区	法人单位数（个）	从业人员期末人数（人）	年末餐饮营业面积（万平方米）
总　　计	**1669**	**22188**	**174.05**
呼和浩特市	325	3798	23.49
包 头 市	251	3354	27.24
呼伦贝尔市	161	1551	14.94
兴 安 盟	89	1079	9.36
通 辽 市	93	918	4.45
赤 峰 市	222	2472	16.73
锡林郭勒盟	88	833	14.70
乌兰察布市	155	1797	22.74
鄂尔多斯市	168	4818	26.42
巴彦淖尔市	50	674	7.51
乌 海 市	44	713	4.00
阿拉善盟	23	181	2.47

2-B-9　续表4

（港、澳、台商投资企业）

地　　区	法人单位数（个）	从业人员期末人数（人）	年末餐饮营业面积（万平方米）
总　　计	NA	**169**	**0.17**
呼和浩特市	NA	169	0.17
包　头　市			
呼伦贝尔市			
兴　安　盟			
通　辽　市			
赤　峰　市			
锡林郭勒盟			
乌兰察布市			
鄂尔多斯市			
巴彦淖尔市			
乌　海　市			
阿　拉　善　盟			

2-B-9　续表5

（外商投资企业）

地　　区	法人单位数（个）	从业人员期末人数（人）	年末餐饮营业面积（万平方米）
总　　计	**4**	**727**	**0.96**
呼和浩特市	NA	1	0.06
包　头　市	NA	719	0.89
呼伦贝尔市			0.01
兴　安　盟			
通　辽　市			
赤　峰　市			
锡林郭勒盟	NA	7	0.01
乌兰察布市			
鄂尔多斯市			
巴彦淖尔市			
乌　海　市			
阿　拉　善　盟			

2-B-10 分地区餐饮业法人企业财务状况

单位:万元

地区	资产总计	负债合计	营业收入
总计	**1556739.04**	**1172860.78**	**631435.38**
呼和浩特市	240073.13	229151.09	123759.47
包头市	370320.56	208232.55	229431.50
呼伦贝尔市	111182.74	77525.52	25489.65
兴安盟	19439.65	13260.64	10675.66
通辽市	55186.35	26724.56	14039.91
赤峰市	180495.93	156597.54	34665.09
锡林郭勒盟	53379.15	18935.44	13753.53
乌兰察布市	115335.02	43511.76	39319.19
鄂尔多斯市	344996.79	352374.34	99835.64
巴彦淖尔市	31205.46	19815.28	23397.84
乌海市	20456.14	18170.51	10124.20
阿拉善盟	14668.13	8561.56	6943.70

2-B-11 分地区餐饮业法人企业财务状况(按国民经济行业分)

(正餐服务)

单位:万元

地区	资产总计	负债合计	营业收入
总计	**1505657.13**	**1146963.65**	**592493.57**
呼和浩特市	221425.89	219386.86	111603.37
包头市	366094.03	206280.86	228267.05
呼伦贝尔市	110698.95	77029.22	24775.14
兴安盟	18315.11	12207.46	8724.26
通辽市	54805.45	26581.30	13517.29
赤峰市	177472.14	155904.33	33596.37
锡林郭勒盟	52685.10	18707.21	13010.01
乌兰察布市	113338.59	43448.36	38678.85
鄂尔多斯市	325188.95	343556.18	80815.29
巴彦淖尔市	30616.45	17165.10	22693.96
乌海市	20419.97	18142.86	10087.94
阿拉善盟	14596.49	8553.91	6724.04

2-B-11 续表1

（快餐服务） 单位:万元

地 区	资产总计	负债合计	营业收入
总 计	**32114.55**	**15147.72**	**32701.13**
呼和浩特市	8275.00	5027.56	11583.72
包 头 市	457.81	198.91	279.89
呼伦贝尔市	291.57	157.97	508.89
兴 安 盟	661.71	605.00	37.56
通 辽 市	199.23	13.55	272.73
赤 峰 市	2782.52	413.78	846.35
锡林郭勒盟	66.44	16.44	91.86
乌兰察布市	129.16	10.00	99.11
鄂尔多斯市	19231.12	8698.01	18871.52
巴彦淖尔市	20.00	6.50	109.50
乌 海 市			
阿 拉 善 盟			

2-B-11 续表2

（饮料及冷饮服务） 单位:万元

地 区	资产总计	负债合计	营业收入
总 计	**600.20**	**101.07**	**99.56**
呼和浩特市	1.52	10.23	
包 头 市	38.64	41.19	
呼伦贝尔市			
兴 安 盟			
通 辽 市			
赤 峰 市	8.90	22.00	29.00
锡林郭勒盟			
乌兰察布市	200.00		32.13
鄂尔多斯市	314.98		2.18
巴彦淖尔市			
乌 海 市	36.17	27.66	36.25
阿 拉 善 盟			

2-B-11 续表3

(餐饮配送及外卖送餐服务) 单位:万元

地区	资产总计	负债合计	营业收入
总计	**5412.01**	**4081.61**	**4014.50**
呼和浩特市	2607.21	304.91	97.16
包头市	145.05	156.84	267.77
呼伦贝尔市	192.21	338.33	205.62
兴安盟	412.62	446.80	1868.84
通辽市	178.66	129.70	249.24
赤峰市	10.00		18.76
锡林郭勒盟	76.27		32.87
乌兰察布市	1161.28	53.40	483.61
鄂尔多斯市	0.58	0.29	10.59
巴彦淖尔市	566.50	2643.68	570.37
乌海市			
阿拉善盟	61.64	7.65	209.66

2-B-11 续表4

(其他餐饮业) 单位:万元

地区	资产总计	负债合计	营业收入
总计	**12955.15**	**6566.73**	**2126.62**
呼和浩特市	7763.52	4421.53	475.22
包头市	3585.04	1554.75	616.79
呼伦贝尔市			
兴安盟	50.21	1.38	45.00
通辽市	3.00		0.65
赤峰市	222.37	257.44	174.61
锡林郭勒盟	551.34	211.78	618.79
乌兰察布市	506.00		25.50
鄂尔多斯市	261.17	119.86	136.05
巴彦淖尔市	2.50		24.00
乌海市			
阿拉善盟	10.00		10.00

2-B-12　分地区餐饮业法人企业财务状况(按登记注册类型分)

(内资企业)　　单位:万元

地　　区	资产总计	负债合计	营业收入
总　　计	**1504332.90**	**1137889.75**	**599210.98**
呼和浩特市	238203.39	228562.96	120539.17
包 头 市	319836.96	173849.65	200445.40
呼伦贝尔市	111182.74	77525.52	25489.65
兴 安 盟	19439.65	13260.64	10675.66
通 辽 市	55186.35	26724.56	14039.91
赤 峰 市	180495.93	156597.54	34665.09
锡林郭勒盟	53326.35	18935.44	13735.53
乌兰察布市	115335.02	43511.76	39319.19
鄂尔多斯市	344996.79	352374.34	99835.64
巴彦淖尔市	31205.46	19815.28	23397.84
乌 海 市	20456.14	18170.51	10124.20
阿 拉 善 盟	14668.13	8561.56	6943.70

2-B-12　续表 1

(国有企业)　　单位:万元

地　　区	资产总计	负债合计	营业收入
总　　计	**115548.52**	**41098.25**	**11098.00**
呼和浩特市	923.07	2688.75	661.39
包 头 市	80032.60	32510.60	4992.20
呼伦贝尔市	9579.80	1653.30	1739.87
兴 安 盟			
通 辽 市			
赤 峰 市			
锡林郭勒盟	9399.24	1145.10	527.25
乌兰察布市			
鄂尔多斯市	14952.30	2763.10	2875.80
巴彦淖尔市			
乌 海 市			
阿 拉 善 盟	661.50	337.40	301.50

2-B-12 续表2

(有限责任公司) 单位:万元

地 区	资产总计	负债合计	营业收入
总 计	**558529.25**	**504312.59**	**203220.77**
呼和浩特市	144666.59	157752.09	66982.07
包 头 市	34759.43	29527.97	31197.58
呼伦贝尔市	32491.78	19519.57	9374.21
兴 安 盟	2029.25	1347.79	1940.37
通 辽 市	33285.34	16326.80	6875.15
赤 峰 市	25432.69	5520.91	10047.50
锡林郭勒盟	25619.97	9887.19	4816.75
乌兰察布市	44577.15	28281.46	20273.51
鄂尔多斯市	183053.52	220453.06	27809.72
巴彦淖尔市	15472.64	7727.36	17291.25
乌 海 市	5447.36	1871.78	1636.02
阿 拉 善 盟	11693.54	6096.60	4976.63

2-B-12 续表3

(私营企业) 单位:万元

地 区	资产总计	负债合计	营业收入
总 计	**692575.29**	**530783.48**	**259709.74**
呼和浩特市	87813.09	64961.37	50887.87
包 头 市	83512.67	60189.14	45744.98
呼伦贝尔市	68638.69	56317.73	14254.17
兴 安 盟	17315.70	11880.85	8687.23
通 辽 市	21897.55	10392.82	7139.50
赤 峰 市	154764.84	150896.03	24184.96
锡林郭勒盟	15172.53	7902.60	8304.15
乌兰察布市	69217.55	14650.19	17057.25
鄂尔多斯市	141851.81	125725.16	67773.62
巴彦淖尔市	15180.19	9441.67	5535.76
乌 海 市	15008.78	16298.73	8488.18
阿 拉 善 盟	2201.88	2127.18	1652.07

2-B-12　续表4

（港、澳、台商投资企业）　　单位：万元

地　区	资产总计	负债合计	营业收入
总　计	**1869.20**	**579.90**	**3220.30**
呼和浩特市	1869.20	579.90	3220.30
包头市			
呼伦贝尔市			
兴安盟			
通辽市			
赤峰市			
锡林郭勒盟			
乌兰察布市			
鄂尔多斯市			
巴彦淖尔市			
乌海市			
阿拉善盟			

2-B-12　续表5

（外商投资企业）　　单位：万元

地　区	资产总计	负债合计	营业收入
总　计	**50536.94**	**34391.13**	**29004.10**
呼和浩特市	0.54	8.23	
包头市	50483.60	34382.90	28986.10
呼伦贝尔市			
兴安盟			
通辽市			
赤峰市			
锡林郭勒盟	52.80		18.00
乌兰察布市			
鄂尔多斯市			
巴彦淖尔市			
乌海市			
阿拉善盟			

第三篇

房地产开发经营业生产经营及财务状况篇

3-1 各地区按登记注册类型分

地　　区	总　计	内资企业	国有企业	集体企业	股份合作企　业	国有联营企　业	集体联营企　业
总　　计	**3784**	**3780**	**6**	**1**			
呼和浩特市	498	497		1			
包 头 市	461	458	3				
呼伦贝尔市	378	378	1				
兴 安 盟	181	181					
通 辽 市	340	340					
赤 峰 市	533	533					
锡林郭勒盟	307	307	1				
乌兰察布市	262	262					
鄂尔多斯市	391	391					
巴彦淖尔市	224	224	1				
乌 海 市	140	140					
阿 拉 善 盟	69	69					

注:表3-1、3-2、3-3统计范围为全部房地产开发经营业法人单位,本篇其他表统计范围为有开发经营活动的房地产开发经营业法人单位。

3-1 续表

地　　区	私营股份有限公司	其他内资企　业	港、澳、台商投资企　业	合资经营企业(港、澳、台资)	合作经营企业(港、澳、台资)	港、澳、台商独资经营企业	港、澳、台商投资股份有限公司
总　　计	**82**		**2**	**2**			
呼和浩特市	5						
包 头 市	5		2	2			
呼伦贝尔市	11						
兴 安 盟	11						
通 辽 市	13						
赤 峰 市	12						
锡林郭勒盟	6						
乌兰察布市	6						
鄂尔多斯市	6						
巴彦淖尔市	NA						
乌 海 市	6						
阿 拉 善 盟							

房地产开发企业个数

单位:个

国有与集体联营企业	其他联营企业	国有独资公司	其他有限责任公司	股份有限公司	私营独资企业	私营合伙企业	私营有限责任公司
		45	**1482**	**92**	**5**		**2067**
		9	165	17			300
		8	234	17	1		190
		5	142	4			215
		1	50	6			113
		7	178	7			135
		1	161	9	2		348
			112	11	1		176
		1	95	6	1		153
		6	134	8			237
		2	151	5			64
		2	36	1			95
		3	24	1			41

单位:个

其他港、澳、台投资企业	外商投资企业	中外合资经营企业	中外合作经营企业	独资企业	外商投资股份有限公司	其他外商投资企业
	2	**1**		**1**		
	1			1		
	1	1				

3-2 各地区按登记注册类型分

地区	总计	内资企业					
			国有企业	集体企业	股份合作企业	国有联营企业	集体联营企业
总计	**44629**	**44517**	**61**	**7**			
呼和浩特市	7981	7961		7			
包头市	8408	8316	46				
呼伦贝尔市	3941	3941	1				
兴安盟	1704	1704					
通辽市	4159	4159					
赤峰市	5112	5112					
锡林郭勒盟	2460	2460	6				
乌兰察布市	2536	2536					
鄂尔多斯市	3656	3656					
巴彦淖尔市	2856	2856	8				
乌海市	1356	1356					
阿拉善盟	460	460					

3-2 续表

地区			港、澳、台商投资企业				
	私营股份有限公司	其他内资企业		合资经营企业(港、澳、台资)	合作经营企业(港、澳、台资)	港、澳、台商独资经营企业	港、澳、台商投资股份有限公司
总计	**827**		**36**	**36**			
呼和浩特市	29						
包头市	91		36	36			
呼伦贝尔市	114						
兴安盟	259						
通辽市	47						
赤峰市	145						
锡林郭勒盟	27						
乌兰察布市	25						
鄂尔多斯市	29						
巴彦淖尔市	7						
乌海市	54						
阿拉善盟							

房地产开发企业年末从业人数

单位：人

国有与集体联营企业	其他联营企业	国有独资公司	其他有限责任公司	股份有限公司	私营独资企业	私营合伙企业	私营有限责任公司
		815	**21756**	**1188**	**38**		**19825**
		257	3338	238			4092
		240	5120	162	1		2656
		27	1835	11			1953
		1	581	64			799
		51	2736	91			1234
		2	1933	89	7		2936
			1006	140	7		1274
		12	1021	288	23		1167
		145	1453	48			1981
		25	2196	38			582
		51	398				853
		4	139	19			298

单位：人

其他港、澳、台投资企业	外商投资企业	中外合资经营企业	中外合作经营企业	独资企业	外商投资股份有限公司	其他外商投资企业
	76	**56**		**20**		
	20			20		
	56	56				

3-3 各地区按登记注册类型分

地　　区	总　计	内资企业	国有企业	集体企业	股份合作企　　业	国有联营企　　业	集体联营企　　业
总　　计	**101895515**	**101541500**	**99223**	**58915**			
呼和浩特市	27335895	27243091		58915			
包 头 市	19322114	19060903	94055				
呼伦贝尔市	5704327	5704327	219				
兴 安 盟	1952046	1952046					
通 辽 市	5247354	5247354					
赤 峰 市	8908531	8908531					
锡林郭勒盟	2306378	2306378	933				
乌兰察布市	2853572	2853572					
鄂尔多斯市	19824873	19824873					
巴彦淖尔市	4951132	4951132	4016				
乌 海 市	2829280	2829280					
阿拉善盟	660013	660013					

3-3 续表

地　　区	私营股份有限公司	其他内资企　　业	港、澳、台商投资企　　业	合资经营企业(港、澳、台资)	合作经营企业(港、澳、台资)	港、澳、台商独资经营企业	港、澳、台商投资股份有限公司
总　　计	**1037537**		**115022**	**115022**			
呼和浩特市	132483						
包 头 市	244895		115022	115022			
呼伦贝尔市	115059						
兴 安 盟	216014						
通 辽 市	37458						
赤 峰 市	81248						
锡林郭勒盟	9824						
乌兰察布市	6691						
鄂尔多斯市	60422						
巴彦淖尔市	25751						
乌 海 市	107692						
阿拉善盟							

房地产开发企业资产总计

单位:万元

国有与集体联营企业	其他联营企业	国有独资公司	其他有限责任公司	股份有限公司	私营独资企业	私营合伙企业	私营有限责任公司
		4518824	**51621532**	**2832740**	**63835**		**41308895**
		901045	14428494	840507			10881647
		1440517	11876828	290241	560		5113806
		41467	3057285	5080			2485217
			727699	67411			940921
		140631	3733080	150221			1185965
		27590	4703999	273409	49941		3772345
			862030	143851	2912		1286828
		78950	1275181	183610	10422		1298717
		1521634	5793092	843015			11606710
		120572	4162231	22036			616527
		137949	779332				1804308
		108469	222280	13360			315904

单位:万元

其他港、澳、台投资企业	外商投资企业	中外合资经营企业	中外合作经营企业	独资企业	外商投资股份有限公司	其他外商投资企业
	238992	**146189**		**92804**		
	92804			92804		
	146189	146189				

3-4 房地产开发企业主要指标情况

指　　标	计量单位	数据
企业个数	个	**1741**
大型企业	个	2
中型企业	个	514
小微型企业	个	1225
资产总计	亿元	**8152**
大型企业	亿元	38
中型企业	亿元	3926
小微型企业	亿元	4188B
房屋建筑面积		
施工面积	万平方米	15080
#住宅	万平方米	9951
#办公楼	万平方米	464
#商业营业用房	万平方米	2866
新开工面积	万平方米	3035
#住宅	万平方米	2161
#办公楼	万平方米	31
#商业营业用房	万平方米	463
竣工面积	万平方米	1430
#住宅	万平方米	1028
#办公楼	万平方米	25
#商业营业用房	万平方米	221
房屋竣工价值	亿元	**338**
商品房销售		
商品房销售面积	万平方米	2009
#住宅	万平方米	1703
#办公楼	万平方米	22
#商业营业用房	万平方米	184
商品房销售额	亿元	1114
#住宅	亿元	909
#办公楼	亿元	17
#商业营业用房	亿元	139
商品房待售面积	万平方米	1244
#住宅	万平方米	738
#办公楼	万平方米	59
#商业营业用房	万平方米	308
负债合计	亿元	**7052**

3-5　各地区按资质等级分房地产开发企业个数

单位:个

地　区	总计	一级	二级	三级	四级	暂定	其他
总　计	**1741**	**18**	**123**	**261**	**1022**	**235**	**82**
呼和浩特市	186	3	15	31	118	16	3
包头市	309	1	15	46	170	64	13
呼伦贝尔市	157		3	24	82	37	11
兴安盟	87		5	8	58	13	3
通辽市	156	1	9	15	112	17	2
赤峰市	250		15	42	153	21	19
锡林郭勒盟	131		2	16	81	21	11
乌兰察布市	87		2	12	57	11	5
鄂尔多斯市	164	10	34	35	65	15	5
巴彦淖尔市	85	2	7	14	48	8	6
乌海市	101	1	12	13	63	9	3
阿拉善盟	28		4	5	15	3	1

3-6　各地区按资质等级分房地产开发企业年末从业人数

单位:人

地　区	总计	一级	二级	三级	四级	暂定	其他
总　计	**34036**	**1417**	**3127**	**4889**	**18353**	**4903**	**1347**
呼和浩特市	4915	160	515	886	2628	691	35
包头市	7806	55	423	768	4694	1562	304
呼伦贝尔市	3016		125	690	1484	618	99
兴安盟	1227		126	125	849	118	9
通辽市	3306	90	285	345	2055	486	45
赤峰市	3820		472	573	2105	308	362
锡林郭勒盟	1814		18	306	1045	243	202
乌兰察布市	1637		51	183	1027	263	113
鄂尔多斯市	2723	724	560	484	687	236	32
巴彦淖尔市	2258	379	283	361	886	227	122
乌海市	1153	9	212	128	688	99	17
阿拉善盟	361		57	40	205	52	7

3-7　各地区按资质等级分房地产开发企业资产总计

单位:万元

地　　区	总 计	一 级	二 级	三 级	四 级	暂 定	其 他
总　　计	**81519458**	**6639920**	**13448924**	**10608617**	**38647035**	**10305525**	**1869437**
呼和浩特市	19997002	1804750	2684192	2155122	11353690	1978392	20856
包 头 市	17882165	86944	1854913	2429547	9080607	3923171	506983
呼伦贝尔市	4598335		498730	456914	2001684	1503058	137948
兴 安 盟	1439430		226983	248930	764157	192821	6539
通 辽 市	4141898	164836	314156	526208	2563864	562863	9972
赤 峰 市	7151829		1180151	705946	3941885	518678	805169
锡林郭勒盟	1864900		245621	428417	1037072	96448	57342
乌兰察布市	1528063		63970	297014	861715	218105	87259
鄂尔多斯市	15888003	3938276	4603290	2421215	3955741	878859	90622
巴彦淖尔市	4097137	559413	992786	619906	1581934	224221	118877
乌 海 市	2492116	85702	739477	242783	1286940	116319	20897
阿 拉 善 盟	438581		44655	76616	217748	92590	6973

3-8　各地区按用途分房地产开发企业房屋施工面积

单位:平方米

地　　区	房屋施工面　　积	住　　宅	#别墅、高档公　　寓	办公楼	商业营业用　　房	其　　他
总　　计	**150803128**	**99509114**	**1904236**	**4637413**	**28663398**	**17993203**
呼和浩特市	34678012	22175380	613109	1259662	7457780	3785190
包 头 市	22428972	15217755	389645	618722	3624702	2967793
呼伦贝尔市	10472498	7287798	56677	60130	1720009	1404561
兴 安 盟	5305591	3499145		18882	1400862	386702
通 辽 市	9551133	6990485	135727	116199	1302112	1142337
赤 峰 市	15326302	10295628	22446	407715	1910061	2712898
锡林郭勒盟	4954393	3461018	77183	111688	1015786	365901
乌兰察布市	7169085	5430059	37329	78286	1069592	591148
鄂尔多斯市	21828683	11999417	314751	1624898	5335448	2868920
巴彦淖尔市	11484272	8243700	83253	209964	2180031	850577
乌 海 市	6172311	3840559	158816	130157	1320017	881578
阿 拉 善 盟	1431876	1068170	15300	1110	326998	35598

3-9　各地区按资质等级分房地产开发企业房屋施工面积

单位：平方米

地　　区	总 计	一 级	二 级	三 级	四 级	暂 定	其 他
总　　计	**150803128**	**6945559**	**23082259**	**17888709**	**78865297**	**18986724**	**5034580**
呼和浩特市	34678012	1289563	3705605	5438580	19565942	4438699	239623
包 头 市	22428972	560617	2616846	1849122	11675790	4402190	1324407
呼伦贝尔市	10472498		453492	1395601	5864401	2234121	524883
兴 安 盟	5305591		602581	732272	3259310	608892	102536
通 辽 市	9551133	208021	1055245	739113	6403282	1093659	51813
赤 峰 市	15326302		1920897	1107710	9262401	1575618	1459676
锡林郭勒盟	4954393		175089	1563345	2623306	310257	282396
乌兰察布市	7169085		1084913	675963	4163667	819541	425001
鄂尔多斯市	21828683	3916224	6263175	2880904	6262048	2343772	162560
巴彦淖尔市	11484272	929363	3720636	854517	4995160	663381	321215
乌 海 市	6172311	41771	1300598	429365	3950779	309328	140470
阿 拉 善 盟	1431876		183182	222217	839211	187266	

3-10　各地区按用途分房地产开发企业房屋新开工面积

单位：平方米

地　　区	房屋新开工面　　积	住　　宅	#别墅、高档公　　寓	办公楼	商业营业用　　房	其　　他
总　　计	**30351558**	**21610652**	**261458**	**305839**	**4628291**	**3806776**
呼和浩特市	2985738	1835477	2195	17404	883302	249555
包 头 市	5403267	3646737	120874	39802	970298	746430
呼伦贝尔市	2821821	2174181	25874	4087	397010	246543
兴 安 盟	1795086	1047243		17806	581829	148208
通 辽 市	3236055	2635857	37664	51113	207073	342012
赤 峰 市	5911055	3918055	4778	81062	575747	1336191
锡林郭勒盟	1399088	1108592	34570	31072	143211	116213
乌兰察布市	1707237	1259647	10963	2343	241687	203560
鄂尔多斯市	791045	534475		59124	169101	28345
巴彦淖尔市	2986243	2423722	9240		352319	210202
乌 海 市	806027	573175		916	78516	153420
阿 拉 善 盟	508896	453491	15300	1110	28198	26097

3-11 各地区按资质等级分房地产开发企业房屋新开工面积

单位:平方米

地 区	总 计	一 级	二 级	三 级	四 级	暂 定	其 他
总 计	**30351558**	**402015**	**3540324**	**3532526**	**13773544**	**5849790**	**3253359**
呼和浩特市	2985738	67289	418157	248017	1250987	924677	76611
包 头 市	5403267		548149	456147	2031268	1230297	1137406
呼伦贝尔市	2821821			743715	1279947	701118	97041
兴 安 盟	1795086		122060	624027	783851	181641	83507
通 辽 市	3236055	108466	367414	146688	2026083	552925	34479
赤 峰 市	5911055		720490	164721	2768842	1074960	1182042
锡林郭勒盟	1399088		58362	264088	689421	131640	255577
乌兰察布市	1707237		23436	247762	780809	478300	176930
鄂尔多斯市	791045	226260	82900	246891	94722	104784	35488
巴彦淖尔市	2986243		1040211	326804	1209575	235375	174278
乌 海 市	806027		121985		619635	64407	
阿 拉 善 盟	508896		37160	63666	238404	169666	

3-12 各地区按用途分房地产开发企业房屋竣工面积

单位:平方米

地 区	房屋竣工面 积	住 宅	#别墅、高档公 寓	办公楼	商业营业用 房	其 他
总 计	**14295872**	**10276202**	**200205**	**254787**	**2205684**	**1559199**
呼和浩特市	3265914	2243082	65837	77814	594880	350138
包 头 市	1758258	1093269		25386	374763	264840
呼伦贝尔市	2300382	1710202	23582	40340	308426	241414
兴 安 盟	666800	560053			88400	18347
通 辽 市	966937	783849	4350	2840	104044	76204
赤 峰 市	1136264	782042	2670	53516	187728	112978
锡林郭勒盟	1041619	728514	10020	17399	148252	147454
乌兰察布市	543342	445923			73671	23748
鄂尔多斯市	696543	345172		13270	193046	145055
巴彦淖尔市	893455	777220	930	5230	69267	41738
乌 海 市	918191	713542	92816	18992	50774	134883
阿 拉 善 盟	108167	93334			12433	2400

3-13 各地区按资质等级分房地产开发企业房屋竣工面积

单位:平方米

地区	总计	一级	二级	三级	四级	暂定	其他
总计	**14295872**	**338279**	**1773347**	**2536152**	**7139858**	**2181970**	**326266**
呼和浩特市	3265914	226681		602631	1451558	985044	
包头市	1758258		408648	462355	800859	46300	40096
呼伦贝尔市	2300382			389952	1402794	389404	118232
兴安盟	666800				450194	216606	
通辽市	966937		12661	88909	774202	72765	18400
赤峰市	1136264		149828	49625	751589	99246	85976
锡林郭勒盟	1041619		28800	625390	323867		63562
乌兰察布市	543342			58093	349669	135580	
鄂尔多斯市	696543	61000	495610	20806	109869	9258	
巴彦淖尔市	893455	50598	380670		289320	172867	
乌海市	918191		278400	228465	411326		
阿拉善盟	108167		18730	9926	24611	54900	

3-14 各地区按用途分房地产开发企业房屋竣工价值

单位:万元

地区	房屋竣工面积	住宅	#别墅、高档公寓	办公楼	商业营业用房	其他
总计	**3379269**	**2371927**	**67677**	**58049**	**611507**	**337786**
呼和浩特市	867614	560987	29557	17860	208239	80528
包头市	395587	234545		5646	83776	71620
呼伦贝尔市	513881	375303	7714	10659	76309	51610
兴安盟	183460	131012			46663	5785
通辽市	198104	151968	761	790	26525	18821
赤峰市	290825	213741	668	13108	42116	21860
锡林郭勒盟	194489	137125	2823	1935	28185	27244
乌兰察布市	112346	89741			18994	3611
鄂尔多斯市	159419	89476		1211	43593	25139
巴彦淖尔市	201544	173647	167	1523	21691	4683
乌海市	245706	202333	25987	5317	11411	26645
阿拉善盟	16294	12049			4005	240

3-15 各地区按资质等级分房地产开发企业房屋竣工价值

单位:万元

地 区	总 计	一 级	二 级	三 级	四 级	暂 定	其 他
总 计	**3379269**	**73151**	**410109**	**608711**	**1716822**	**517502**	**52974**
呼和浩特市	867614	36102		174029	417055	240428	
包 头 市	395587		70209	122933	177372	18904	6169
呼伦贝尔市	513881			71580	335658	83194	23449
兴 安 盟	183460				111908	71552	
通 辽 市	198104		1400	24590	157113	9500	5501
赤 峰 市	290825		60305	9555	186963	22826	11176
锡林郭勒盟	194489		4896	122778	60136		6679
乌兰察布市	112346			11446	75149	25751	
鄂尔多斯市	159419	24400	96529	9362	27647	1481	
巴彦淖尔市	201544	12649	90536		61680	36679	
乌 海 市	245706		83512	60979	101215		
阿 拉 善 盟	16294		2722	1459	4926	7187	

3-16 各地区房地产开发企业建造的房屋面积和造价

地 区	房屋施工面 积(平方米)	房屋竣工面 积(平方米)	房屋竣工价 值(万元)	房屋竣工造 价(元/平方米)
总 计	**150803128**	**14295872**	**3379269**	**2364**
呼和浩特市	34678012	3265914	867614	2657
包 头 市	22428972	1758258	395587	2250
呼伦贝尔市	10472498	2300382	513881	2234
兴 安 盟	5305591	666800	183460	2751
通 辽 市	9551133	966937	198104	2049
赤 峰 市	15326302	1136264	290825	2559
锡林郭勒盟	4954393	1041619	194489	1867
乌兰察布市	7169085	543342	112346	2068
鄂尔多斯市	21828683	696543	159419	2289
巴彦淖尔市	11484272	893455	201544	2256
乌 海 市	6172311	918191	245706	2676
阿 拉 善 盟	1431876	108167	16294	1506

3-17　各地区按用途分房地产开发企业商品房销售面积

单位:平方米

地　区	商品房销售面积	住　宅	#别墅、高档公寓	办公楼	商业营业用房	其　他
总　计	**20085242**	**17029967**	**244682**	**223862**	**1838450**	**992963**
呼和浩特市	3810888	3315924	76543	123459	282325	89180
包头市	4682832	3931221	82043	55204	486780	209627
呼伦贝尔市	2311500	1893442	31878	950	248220	168888
兴安盟	804281	696453			100554	7274
通辽市	1750352	1562321	21836	5076	86622	96333
赤峰市	2927677	2513020	2670	34607	226796	153254
锡林郭勒盟	779591	594588	11006		131334	53669
乌兰察布市	342397	296540		1197	26249	18411
鄂尔多斯市	964871	696391	2073	1594	131792	135094
巴彦淖尔市	1013124	904120	4583	1306	64820	42878
乌海市	438901	381584	6194		42917	14400
阿拉善盟	258828	244363	5856	469	10041	3955

3-18　各地区按资质等级分房地产开发企业商品房销售面积

单位:平方米

地　区	总　计	一　级	二　级	三　级	四　级	暂　定	其　他
总　计	**20085242**	**827454**	**2400895**	**2011441**	**11251279**	**2736306**	**857867**
呼和浩特市	3810888	214477	245810	377042	2202968	748025	22566
包头市	4682832	60768	659897	351204	2678822	735678	196463
呼伦贝尔市	2311500		1633	402571	1460908	381108	65280
兴安盟	804281		123426	67416	576884	36555	
通辽市	1750352	100754	122072	166234	1158585	198167	4540
赤峰市	2927677		509844	153726	1518558	243400	502149
锡林郭勒盟	779591		57880	224030	407213	61516	28952
乌兰察布市	342397		12136	25973	255423	46752	2113
鄂尔多斯市	964871	385282	253422	114771	129032	75901	6463
巴彦淖尔市	1013124	66173	214014	101980	502065	99551	29341
乌海市	438901		178368	5109	205475	49949	
阿拉善盟	258828		22393	21385	155346	59704	

3-19 各地区按用途分房地产开发企业商品房期房销售面积

单位:平方米

地区	商品房期房销售面积	住宅	#别墅、高档公寓	办公楼	商业营业用房	其他
总计	**12413144**	**11026882**	**175201**	**134254**	**849104**	**402904**
呼和浩特市	2773759	2443614	49353	61901	188862	79382
包头市	2984285	2634356	77836	36825	251620	61484
呼伦贝尔市	669113	547673	23230		88684	32756
兴安盟	531952	456757			73394	1801
通辽市	1065795	976737	12599		29880	59178
赤峰市	2234087	2002362		34222	91500	106003
锡林郭勒盟	232294	208580			10391	13323
乌兰察布市	122729	108324			11598	2807
鄂尔多斯市	502143	479558			22585	
巴彦淖尔市	822932	748698	600	1306	42089	30839
乌海市	326939	276532	5727		38007	12400
阿拉善盟	147116	143691	5856		494	2931

3-20 各地区按用途分房地产开发企业房屋出租面积

单位:平方米

地区	房屋出租面积	住宅	#别墅、高档公寓	办公楼	商业营业用房	其他
总计	**82107**	**38300**			**36563**	**7244**
呼和浩特市						
包头市						
呼伦贝尔市	49500	38300			3956	7244
兴安盟						
通辽市	15422				15422	
赤峰市						
锡林郭勒盟						
乌兰察布市						
鄂尔多斯市	15418				15418	
巴彦淖尔市						
乌海市						
阿拉善盟	1767				1767	

3-21 各地区按用途分房地产开发企业商品房销售额

单位:万元

地区	商品房销售额	住宅	#别墅、高档公寓	办公楼	商业营业用房	其他
总计	**11141299**	**9092744**	**229679**	**174529**	**1385167**	**488859**
呼和浩特市	3081015	2667172	112843	112832	241529	59482
包头市	2637177	2088830	79700	28748	429193	90406
呼伦贝尔市	913666	635065	12106	628	180920	97053
兴安盟	312026	242885			65464	3677
通辽市	778141	691298	12067	1371	53464	32008
赤峰市	1706060	1450981	774	27929	148259	78891
锡林郭勒盟	259687	177733	3215		59407	22547
乌兰察布市	117546	87561		718	24342	4925
鄂尔多斯市	624714	446452	2091	1243	99318	77701
巴彦淖尔市	441621	383649	2544	850	43097	14025
乌海市	187816	146886	2820		34264	6666
阿拉善盟	81830	74232	1519	210	5910	1478

3-22 各地区按资质等级分房地产开发企业商品房销售额

单位:万元

地区	总计	一级	二级	三级	四级	暂定	其他
总计	**11141299**	**653383**	**1352357**	**1007372**	**5832708**	**1746368**	**549111**
呼和浩特市	3081015	178858	277297	278059	1709106	629646	8049
包头市	2637177	43829	331536	156154	1415104	547285	143269
呼伦贝尔市	913666		732	149605	605702	127722	29905
兴安盟	312026		57388	38027	201471	15140	
通辽市	778141	61074	54767	81352	484683	94300	1965
赤峰市	1706060		307647	77913	802333	171915	346252
锡林郭勒盟	259687		25427	79417	130512	16106	8225
乌兰察布市	117546		5451	7096	90477	13591	931
鄂尔多斯市	624714	326870	118177	83739	52017	42185	1726
巴彦淖尔市	441621	42752	107279	47559	188083	47159	8789
乌海市	187816		61260	1824	102258	22474	
阿拉善盟	81830		5396	6627	50962	18845	

3-23 各地区房地产开发企业商品房待售情况

单位:平方米

地 区	商品房待售面积	#待售1-3年面积	#待售3年以上面积
总 计	**12442089**	**4905100**	**1777042**
呼和浩特市	2286936	1170405	163342
包 头 市	1576431	557853	192845
呼伦贝尔市	916498	307264	146289
兴 安 盟	571380	203067	34968
通 辽 市	1417290	519498	126393
赤 峰 市	1010443	516494	109855
锡林郭勒盟	886025	528943	129551
乌兰察布市	862603	330843	44254
鄂尔多斯市	1694488	390423	496914
巴彦淖尔市	637934	141773	124392
乌 海 市	341436	232102	46363
阿 拉 善 盟	240625	6435	161876

3-24 各地区按用途分房地产开发企业商品房待售面积

单位:平方米

地 区	商品房待售面积	住 宅	#别墅、高档公寓	办公楼	商业营业用房	其 他
总 计	**12442089**	**7380440**	**382690**	**593009**	**3079970**	**1388670**
呼和浩特市	2286936	1397376	55941	189109	507422	193029
包 头 市	1576431	929854	12693	95998	352179	198400
呼伦贝尔市	916498	612547	38430	21746	171897	110308
兴 安 盟	571380	361435	4293	763	131745	77437
通 辽 市	1417290	911188	19269	31693	283938	190471
赤 峰 市	1010443	528449		60159	209120	212715
锡林郭勒盟	886025	436301	15666	2970	389215	57539
乌兰察布市	862603	599376	500	47009	197416	18802
鄂尔多斯市	1694488	897524	183522	68890	470124	257950
巴彦淖尔市	637934	366629	33499	17769	205916	47620
乌 海 市	341436	185302	18877	45671	91475	18988
阿 拉 善 盟	240625	154459		11232	69523	5411

3-25　各地区房地产开发企业土地开发及其购置情况

地　　区	待开发土地面积（平方米）	本年土地购置面积（平方米）	本年土地成交价款（万元）
总　　计	**5545157**	**3629455**	**570134**
呼和浩特市	546556	51716	37438
包　头　市	352880	576193	190078
呼伦贝尔市	702741	595345	52440
兴　安　盟	31157	214878	17610
通　辽　市	878104	645148	53128
赤　峰　市	481277	877400	162032
锡林郭勒盟	751997	227711	16671
乌兰察布市	231525	235575	22322
鄂尔多斯市	934382	66906	8935
巴彦淖尔市	265573	88994	8307
乌　海　市	89170		
阿 拉 善 盟	279795	49589	1173

3-26　各地区房地产开发企业主营业务收入及其构成

单位：万元

地　　区	主营业务收入总计	土地转让收入	商品房销售收入	房屋出租收入	其他收入
总　　计	**9205889**	**8416**	**8996971**	**60527**	**139975**
呼和浩特市	1426848	510	1393710	13329	19299
包　头　市	3050130	200	2988071	9584	52275
呼伦贝尔市	791658		766270	797	24591
兴　安　盟	169863		167421	521	1921
通　辽　市	535715	4660	510697	18241	2117
赤　峰　市	1597481	1516	1569937	2578	23451
锡林郭勒盟	240474		229662	512	10300
乌兰察布市	131795	1480	130244	19	52
鄂尔多斯市	648794	1	633933	10907	3954
巴彦淖尔市	417200		415509	1346	345
乌　海　市	158248	50	153959	2623	1616
阿 拉 善 盟	37683		37559	71	54

3-27 各地区按登记注册类型分

地　区	总　计	内资企业	国有企业	集体企业	股份合作企　业	国有联营企　业	集体联营企　业
总　计	**9205889**	**9184309**	**1435**				
呼和浩特市	1426848	1426848					
包 头 市	3050130	3028550	1435				
呼伦贝尔市	791658	791658					
兴 安 盟	169863	169863					
通 辽 市	535715	535715					
赤 峰 市	1597481	1597481					
锡林郭勒盟	240474	240474					
乌兰察布市	131795	131795					
鄂尔多斯市	648794	648794					
巴彦淖尔市	417200	417200					
乌 海 市	158248	158248					
阿拉善盟	37683	37683					

3-27 续表

地　区	私营股份有限公司	其他内资企　业	港、澳、台商投资企　业	合资经营企业(港、澳、台资)	合作经营企业(港、澳、台资)	港、澳、台商独资经营企业	港、澳、台商投资股份有限公司
总　计	**51654**		**13914**	**13914**			
呼和浩特市							
包 头 市	24479		13914	13914			
呼伦贝尔市	10141						
兴 安 盟	9083						
通 辽 市	492						
赤 峰 市	3617						
锡林郭勒盟	2395						
乌兰察布市							
鄂尔多斯市							
巴彦淖尔市							
乌 海 市	1447						
阿拉善盟							

房地产开发企业主营业务收入

单位:万元

国有与集体联营企业	其他联营企业	国有独资公司	其他有限责任公司	股份有限公司	私营独资企业	私营合伙企业	私营有限责任公司
		432902	**4605050**	**145623**	**2022**		**3945623**
		107412	811276	7162			500998
		231763	1556141	62006			1152727
		60483	344028	2035			374973
			41866	9051			109862
		11326	429027	420			94451
			837012	19924			736929
			68674	42285			127121
		13571	30580	1899	2022		83722
		7917	119506	130			521241
			323371				93829
		431	29148				127223
			14422	713			22549

单位:万元

其他港、澳、台投资企业	外商投资企业	中外合资经营企业	中外合作经营企业	独资企业	外商投资股份有限公司	其他外商投资企业
	7666	**7666**				
	7666	7666				

3-28 各地区按登记注册类型分

地　区	总　计	内资企业	国有企业	集体企业	股份合作企　业	国有联营企　业	集体联营企　业
总　计	**70521005**	**70260784**	**90870**				
呼和浩特市	17366346	17366346					
包 头 市	15938007	15677785	90870				
呼伦贝尔市	3949971	3949971					
兴 安 盟	1214244	1214244					
通 辽 市	3550960	3550960					
赤 峰 市	5999276	5999276					
锡林郭勒盟	1635289	1635289					
乌兰察布市	1296384	1296384					
鄂尔多斯市	13108413	13108413					
巴彦淖尔市	3795676	3795676					
乌 海 市	2291568	2291568					
阿 拉 善 盟	374873	374873					

3-28　续表

地　区	私营股份有限公司	其他内资企　业	港、澳、台商投资企　业	合资经营企业（港、澳、台资）	合作经营企业（港、澳、台资）	港、澳、台商独资经营企业	港、澳、台商投资股份有限公司
总　计	**607870**		**113902**	**113902**			
呼和浩特市	36751						
包 头 市	240225		113902	113902			
呼伦贝尔市	69316						
兴 安 盟	172629						
通 辽 市	2400						
赤 峰 市	44703						
锡林郭勒盟	5775						
乌兰察布市							
鄂尔多斯市							
巴彦淖尔市							
乌 海 市	36073						
阿 拉 善 盟							

房地产开发企业负债合计

单位:万元

国有与集体联营企业	其他联营企业	国有独资公司	其他有限责任公司	股份有限公司	私营独资企业	私营合伙企业	私营有限责任公司
		3912838	**37030019**	**2382834**	**8778**		**26227575**
		724684	9868372	819079			5917460
		1339943	9377334	160278			4469136
		30908	2283460	6371			1559916
			481648	51394			508573
		123267	2752174	25180			647940
			3717095	243716			1993763
			587457	130898			911159
		76712	560376	152099	8778		498419
		1450233	3243911	771863			7642407
		30799	3381368	16862			366648
		136292	635488				1483715
			141337	5095			228441

单位:万元

其他港、澳、台投资企业	外商投资企业	中外合资经营企业	中外合作经营企业	独资企业	外商投资股份有限公司	其他外商投资企业
	146319	**146319**				
	146319	146319				

第四篇

服务业企业财务状况篇

4-1 服务业法人单位基本情况

行　业	单位数 （个）	从业人员 （人）
总　计	**143017**	**2363021**
交通运输、仓储和邮政业	**11039**	**284388**
企业	10803	274334
行政事业及非企业法人	236	10054
信息传输、软件和信息技术服务业	**8252**	**77208**
企业	8126	73774
行政事业及非企业法人	126	3434
房地产业	**7830**	**118946**
企业	7770	117797
行政事业及非企业法人	60	1149
租赁和商务服务业	**32672**	**250012**
企业	31821	234816
行政事业及非企业法人	851	15196
科学研究和技术服务业	**13091**	**127099**
企业	11053	93873
行政事业及非企业法人	2038	33226
水利、环境和公共设施管理业	**3781**	**57159**
企业	2979	37398
行政事业及非企业法人	802	19761
居民服务、修理和其他服务业	**6927**	**48442**
企业	6715	45501
行政事业及非企业法人	212	2941
教育	**10784**	**407161**
企业	4026	31045
行政事业及非企业法人	6758	376116
卫生和社会工作	**4911**	**208884**
企业	1311	29242
行政事业及非企业法人	3600	179642
文化、体育和娱乐业	**7340**	**52866**
企业	5742	24903
行政事业及非企业法人	1598	27963
公共管理、社会保障和社会组织	**36390**	**730856**
企业		
行政事业及非企业法人	36390	730856

4-2　交通运输、仓储和邮政业企业法人单位主要指标

行　业	单位数（个）	资产总计（万元）	负债合计（万元）	营业收入（万元）	从业人员（人）
总　计	**10803**	**66155590**	**44780916**	**16158311**	**274334**
铁路运输业	**34**	**20964691**	**12808427**	**4877330**	**104024**
道路运输业	**7845**	**34267445**	**24458569**	**7117369**	**116258**
城市公共交通运输	354	1577148	1405116	151453	23499
公路旅客运输	194	412507	250100	112584	7735
道路货物运输	6894	5347177	3318911	5427367	58269
道路运输辅助活动	403	26930614	19484440	1425965	26755
水上运输业	**11**	**6178**	**2151**	**2980**	**125**
航空运输业	**87**	**1789957**	**767799**	**290446**	**6005**
航空客货运输	19	339673	173095	157700	1334
通用航空服务	31	210408	167267	6791	258
航空运输辅助活动	37	1239876	427437	125955	4413
管道运输业	**5**	**643964**	**395454**	**233694**	**145**
多式联运和运输代理业	**676**	**814782**	**416076**	**280744**	**4101**
多式联运	672	814666	416037	280469	4092
运输代理业	73	76307	39801	6182	443
装卸搬运和仓储业	**1746**	**7391429**	**5748865**	**2963806**	**22232**
装卸搬运	913	515554	311719	317006	12369
通用仓储	159	686751	273678	178919	1529
低温仓储	73	76307	39801	6182	443
危险品仓储	9	67812	23046	1260	185
谷物、棉花等农产品仓储	421	5515915	4824037	2375684	5870
中药材仓储	4	1213	1109	62	5
其他仓储业	167	527876	275475	84693	1831
邮政业	**399**	**277143**	**183576**	**391941**	**21444**
邮政基本服务	36	205567	132684	230569	13051
快递服务	345	70657	50507	160225	8339
其他寄递服务	18	919	386	1147	54

4-3 交通运输、仓储和邮政业企业法人单位分地区主要指标

地　　区	单位数（个）	资产总计（万元）	负债合计（万元）	营业收入（万元）	从业人员（人）
总　　计	**10803**	**66155590**	**44780916**	**16158311**	**274334**
呼和浩特市	1259	20367463	14736313	2139555	43693
包　头　市	1517	2045118	1359432	1584736	25216
呼伦贝尔市	1159	2916090	2364807	1305003	12684
兴　安　盟	345	225977	126497	88289	4531
通　辽　市	816	3168780	2256565	1421813	13418
赤　峰　市	1226	1873582	949652	535014	16116
锡林郭勒盟	685	912216	671445	261639	6615
乌兰察布市	698	2489241	2036203	264463	9023
鄂尔多斯市	1535	9378228	6336380	2400540	20582
巴彦淖尔市	564	961793	642487	568125	7435
乌　海　市	572	444029	250814	574436	7575
阿 拉 善 盟	395	632788	457245	157712	3435
不分地区铁路运输业	32	20740285	12593077	4856987	104011

4-4 交通运输、仓储和邮政业企业法人单位分登记注册类型主要指标

登记注册类型	单位数（个）	资产总计（万元）	负债合计（万元）	营业收入（万元）	从业人员（人）
总　计	**10803**	**66155590**	**44780916**	**16158311**	**274334**
内资企业	10764	44047397	31042534	11223420	169776
国有企业	157	2186329	1907597	793045	22458
集体企业	27	11250	12229	6298	1244
股份合作企业	7	10600	8390	1208	155
联营企业	7	14611	2473	3219	156
有限责任公司	3358	34547889	24691936	6659144	84457
股份有限公司	204	1128454	661402	342854	4371
私营企业	6948	6128574	3754250	3413745	56682
其他企业	56	19690	4258	3907	253
港、澳、台及外商投资企业	**7**	**1367907**	**1145305**	**77905**	**547**

注：分登记注册类型指标不含铁路运输业。

4-5　信息传输、软件和信息技术服务业企业法人单位主要指标

行　业	单位数（个）	资产总计（万元）	负债合计（万元）	营业收入（万元）	从业人员（人）
总　计	**8126**	**8084241**	**4198753**	**3416455**	**73774**
电信、广播电视和卫星传输服务	**783**	**6261179**	**3204820**	**2507507**	**41374**
电信	705	5653376	3003606	2352995	37209
广播电视传输服务	71	607658	201127	154421	4140
卫星传输服务	7	145	86	92	25
互联网和相关服务	**1581**	**329513**	**113718**	**192777**	**5481**
互联网接入及相关服务	188	85083	34831	33066	802
互联网信息服务	757	47072	21943	37198	1948
互联网平台	291	82708	16080	51116	1311
互联网安全服务	38	8897	2809	9907	305
互联网数据服务	94	65075	28746	52859	382
其他互联网服务	213	40678	9309	8631	733
软件和信息技术服务业	**5762**	**1493549**	**880215**	**716170**	**26919**
软件开发	3001	538400	258704	327847	12730
集成电路设计	18	23783	14297	12141	348
信息系统集成和物联网技术服务	695	194833	106527	151072	3927
运行维护服务	478	157461	61981	77295	2864
信息处理和存储支持服务	69	345043	285093	34009	374
信息技术咨询服务	1056	177339	130233	52974	3311
数字内容服务	159	11170	4506	8029	428
其他信息技术服务业	286	45520	18874	52803	2937

4-6　信息传输、软件和信息技术服务业企业法人单位分地区主要指标

地　区	单位数（个）	资产总计（万元）	负债合计（万元）	营业收入（万元）	从业人员（人）
总　　计	**8126**	**8084241**	**4198753**	**3416455**	**73774**
呼和浩特市	2218	3431437	1476962	1112903	24695
包　头　市	1276	709372	424935	366994	9981
呼伦贝尔市	706	475319	282850	232204	6152
兴　安　盟	196	299366	161261	129828	2273
通　辽　市	611	509706	265483	303271	4599
赤　峰　市	1193	557683	305736	348299	7472
锡林郭勒盟	355	285828	210352	163716	3081
乌兰察布市	322	293772	212819	135678	4064
鄂尔多斯市	539	944613	576572	315369	5270
巴彦淖尔市	344	279515	173723	176361	3037
乌　海　市	257	172489	41036	87463	2079
阿 拉 善 盟	109	125139	67025	44366	1071

4-7 信息传输、软件和信息技术服务业企业法人单位分登记注册类型主要指标

登记注册类型	单位数（个）	资产总计（万元）	负债合计（万元）	营业收入（万元）	从业人员（人）
总　计	**8126**	**8084241**	**4198753**	**3416455**	**73774**
内资企业	**8105**	**7010645**	**3275242**	**2863274**	**61649**
其中：国有企业	20	445941	196782	95849	760
有限责任公司	2200	4461088	1855682	1676865	32487
股份有限公司	137	1076710	590468	594454	8154
私营企业	5738	1021852	631052	495803	20165
港、澳、台商投资企业	**9**	**964423**	**864656**	**510986**	**11077**
外商投资企业	**12**	**109173**	**58855**	**42195**	**1048**

4-8 金融业企业法人单位主要指标

行　业	单位数（个）	资产总计（亿元）	营业收入（亿元）	从业人员（人）
总　计	**1704**	**37742**	**1568**	**382394**
货币金融服务	**998**	**35233**	**879**	**102798**
其中：系统内	357	34471	869	99495
资本市场服务	**121**	**675**	**18**	**4205**
其中：系统内	50	435	14	3928
保险业	**444**	**1297**	**656**	**274068**
其中：系统内	425	1296	655	274026
其他金融业	**141**	**537**	**15**	**1323**
其中：系统内	4	145	9	372

4-9 房地产业企业法人单位主要指标

行　业	单位数（个）	资产总计（万元）	负债合计（万元）	营业收入（万元）	从业人员（人）
总　计	**7770**	**8112497**	**6016488**	**1103602**	**117797**
物业管理	4500	1247434	959310	675537	99746
房地产中介服务	2530	441143	268820	102884	11628
房地产租赁经营	676	5311861	3701066	317711	6058
其他房地产业	64	1112059	1087293	7471	365

注：不含房地产开发经营。

4-10　房地产业企业法人单位分地区主要指标

地　　区	单位数（个）	资产总计（万元）	负债合计（万元）	营业收入（万元）	从业人员（人）
总　　计	**7770**	**8112497**	**6016488**	**1103602**	**117797**
呼和浩特市	1495	1288107	1056719	329521	33512
包　头　市	1104	1290546	1093012	289028	17905
呼伦贝尔市	781	1108085	505449	63981	8566
兴　安　盟	359	141902	106316	23721	3537
通　辽　市	608	1413943	1087374	47350	7937
赤　峰　市	1054	603546	464462	91663	12273
锡林郭勒盟	511	128504	89204	42754	5431
乌兰察布市	423	58094	39869	19635	3850
鄂尔多斯市	772	1723998	1312158	108226	13229
巴彦淖尔市	327	168598	108592	37661	4568
乌　海　市	210	155773	129819	44915	5803
阿 拉 善 盟	126	31399	23514	5148	1186

注：不含房地产开发经营。

4-11　房地产业企业法人单位分登记注册类型主要指标

登记注册类型	单位数（个）	资产总计（万元）	负债合计（万元）	营业收入（万元）	从业人员（人）
总　计	**7770**	**8112497**	**6016488**	**1103602**	**117797**
内资企业	**7766**	**8006497**	**5906136**	**1095954**	**117736**
其中：国有企业	27	133075	22739	24228	759
集体企业	29	22993	26733	3025	370
有限责任公司	2273	5725706	4476505	571236	51449
股份有限公司	138	117931	45051	23032	3736
私营企业	5293	2002993	1334938	474010	61367
港、澳、台及外商投资企业	**4**	**105999**	**110352**	**7648**	**61**

注：不含房地产开发经营。

4-12 租赁和商务服务业企业法人单位主要指标

行业	单位数（个）	资产总计（万元）	负债合计（万元）	营业收入（万元）	从业人员（人）
总计	**31821**	**192937574**	**100446305**	**5567348**	**234816**
租赁业	**4769**	**1770051**	**780830**	**508261**	**17932**
机械设备经营租赁	4688	1760395	777430	504889	17697
文体设备和用品出租	71	8061	2902	2982	188
日用品出租	10	1596	499	390	47
商务服务业	**27052**	**191167523**	**99665475**	**5059087**	**216884**
组织管理服务	2557	180307268	93369374	1433937	25452
综合管理服务	700	1465478	1074801	263713	8964
法律服务	718	73687	30680	99663	7333
咨询与调查	8995	3319562	2086625	421983	28886
广告业	5291	433176	226414	274674	16736
人力资源服务	3808	908758	646269	1783631	88601
安全保护服务	489	208296	82518	211020	25744
会议、展览及相关服务	809	639828	451901	44018	2431
其他商务服务业	3685	3811469	1696893	526448	12737

4-13 租赁和商务服务业企业法人单位分地区主要指标

地区	单位数（个）	资产总计（万元）	负债合计（万元）	营业收入（万元）	从业人员（人）
总计	**31821**	**192937574**	**100446305**	**5567348**	**234816**
呼和浩特市	5996	30996397	17224839	1028539	38801
包头市	4844	20598406	11307280	1242217	67651
呼伦贝尔市	2992	16436947	4847578	277137	14500
兴安盟	1052	5518430	2544647	57072	4528
通辽市	2151	14167294	7511903	339868	13980
赤峰市	4271	24197570	12592979	338055	21193
锡林郭勒盟	1524	4551589	1839405	145542	14097
乌兰察布市	1712	11779726	6192500	182286	8667
鄂尔多斯市	4261	48943784	26596109	1609046	29602
巴彦淖尔市	1389	3575486	2198035	127882	12855
乌海市	942	5594515	3398105	144903	5071
阿拉善盟	687	6577429	4192925	74801	3871

4-14　租赁和商务服务业企业法人单位分登记注册类型主要指标

登记注册类型	单位数（个）	资产总计（万元）	负债合计（万元）	营业收入（万元）	从业人员（人）
总　计	**31821**	**192937574**	**100446305**	**5567348**	**234816**
内资企业	**31804**	**192342545**	**100434978**	**5565943**	**234676**
国有企业	136	5797252	2987085	69127	8603
集体企业	75	20713	14946	3539	950
股份合作企业	10	566	318	651	87
联营企业	6	11455	231	450	35
有限责任公司	8760	149178612	77560194	2541689	86180
股份有限公司	471	8576536	4617167	89331	6004
私营企业	21757	28691306	15236115	2825352	129430
其他企业	589	66106	18923	35805	3387
港、澳、台及外商投资企业	**17**	**595028**	**11327**	**1405**	**140**

4-15　科学研究和技术服务业企业法人单位主要指标

行　业	单位数（个）	资产总计（万元）	负债合计（万元）	营业收入（万元）	从业人员（人）
总　计	**11053**	**17576447**	**9108539**	**2278305**	**93873**
研究和试验发展	**688**	**1633764**	**885178**	**109596**	**6808**
自然科学研究和试验发展	29	22868	17023	1513	152
工程和技术研究和试验发展	408	566026	279151	78525	2985
农业科学研究和试验发展	147	1000461	562555	16510	3146
医学研究和试验发展	94	44297	26422	12835	496
社会人文科学研究	10	112	28	214	29
专业技术服务业	**6756**	**12345534**	**7000545**	**1798850**	**74139**
科技推广和应用服务业	**3609**	**3597149**	**1222815**	**369859**	**12926**
技术推广服务	2928	3373270	1047212	310662	10709
知识产权服务	122	1558	1437	2183	310
科技中介服务	154	82595	62799	7514	473
创业空间服务	58	82649	82587	2796	218
其他科技推广服务业	347	57077	28780	46703	1216

4-16 科学研究和技术服务业企业法人单位分地区主要指标

地　　区	单位数（个）	资产总计（万元）	负债合计（万元）	营业收入（万元）	从业人员（人）
总　　计	**11053**	**17576447**	**9108539**	**2278305**	**93873**
呼和浩特市	2898	8589404	4601598	924648	34628
包 头 市	1467	1002127	614418	291628	12062
呼伦贝尔市	886	389330	254035	126791	6796
兴 安 盟	340	166422	112772	33346	2095
通 辽 市	798	423375	244043	77852	4483
赤 峰 市	1377	690207	277506	234877	10304
锡林郭勒盟	593	1327825	585135	67171	3792
乌兰察布市	471	923811	390256	61616	2681
鄂尔多斯市	1226	2248946	779533	294661	10638
巴彦淖尔市	457	329330	198015	68462	2813
乌 海 市	252	876004	640494	66373	2004
阿 拉 善 盟	288	609665	410733	30882	1577

4-17 科学研究和技术服务业企业法人单位分登记注册类型主要指标

登记注册类型	单位数（个）	资产总计（万元）	负债合计（万元）	营业收入（万元）	从业人员（人）
总　计	**11053**	**17576447**	**9108539**	**2278305**	**93873**
内资企业	**11043**	**17558928**	**9102657**	**2273325**	**93852**
其中:国有企业	115	509742	300249	71868	3084
集体企业	34	12071	4595	5765	418
有限责任公司	3210	12548947	6436392	1146697	44499
股份有限公司	214	1392079	436486	65563	4351
私营企业	7344	3063254	1916251	977050	40871
港、澳、台及外商投资企业	**10**	**17519**	**5882**	**4980**	**21**

4-18 水利、环境和公共设施管理业企业法人单位主要指标

行业	单位数（个）	资产总计（万元）	负债合计（万元）	营业收入（万元）	从业人员（人）
总计	**2979**	**14078081**	**7929753**	**739965**	**37398**
水利管理业	**157**	**1371162**	**889838**	**29088**	**1550**
防洪除涝设施管理	11	61602	24059	1330	94
水资源管理	56	1049139	729483	9968	696
天然水收集与分配	17	69640	43099	3383	201
水文服务	12	1867	516	1390	44
其他水利管理业	61	188914	92680	13017	515
生态保护和环境治理业	**381**	**1413613**	**779215**	**129376**	**3012**
生态保护	110	739611	415493	18001	993
环境治理业	271	674001	363722	111375	2019
公共设施管理业	**2361**	**10004845**	**5622532**	**564943**	**32398**
市政设施管理	169	6576883	3889082	70996	4754
环境卫生管理	234	229430	148977	72374	12098
城乡市容管理	26	4254	2515	3181	247
绿化管理	1606	1082366	615122	299193	8887
城市公园管理	14	78579	72800	2917	201
游览景区管理	312	2033333	894037	116283	6211
土地管理业	**80**	**1288462**	**638167**	**16557**	**438**
土地整治服务	21	628654	200075	8947	95
土地调查评估服务	34	22171	16337	2934	213
土地登记服务					
土地登记代理服务	5	57	204	81	10
其他土地管理服务	20	637580	421552	4595	120

4-19 水利、环境和公共设施管理业企业法人单位分地区主要指标

地区	单位数（个）	资产总计（万元）	负债合计（万元）	营业收入（万元）	从业人员（人）
总　计	**2979**	**14078081**	**7929753**	**739965**	**37398**
呼和浩特市	443	3438070	2161549	151382	6922
包 头 市	308	1629464	1059240	88628	5039
呼伦贝尔市	269	631652	327251	42067	1914
兴 安 盟	126	175037	84422	36228	2310
通 辽 市	213	290189	145593	43988	3139
赤 峰 市	298	2140103	794321	70955	4737
锡林郭勒盟	220	1314360	727997	27258	1893
乌兰察布市	130	843699	357420	39467	1101
鄂尔多斯市	559	977726	535166	128019	4259
巴彦淖尔市	188	1081738	915604	34610	3159
乌 海 市	121	329589	230868	34747	1815
阿拉善盟	104	1226456	590324	42616	1110

4-20 居民服务、修理和其他服务业企业法人单位主要指标

行业	单位数（个）	资产总计（万元）	负债合计（万元）	营业收入（万元）	从业人员（人）
总计	**6715**	**957100**	**606955**	**501088**	**45501**
居民服务业	**2915**	**476601**	**289816**	**181028**	**16998**
家庭服务	1348	40282	20015	40251	6791
托儿所服务	15	1011	1	58	29
洗染服务	84	11389	5898	36458	699
理发及美容服务	229	6721	4009	3491	633
洗浴和保健养生服务	300	138599	104352	25559	2855
摄影扩印服务	173	6356	3390	4052	587
婚姻服务	325	12104	5040	11334	865
殡葬服务	166	184557	108384	40168	1599
其他居民服务业	275	75582	38727	19657	2940
机动车、电子产品和日用产品修理业	**2954**	**375179**	**257252**	**220735**	**11317**
汽车、摩托车等修理与维护	2198	309226	204181	176765	8917
计算机和办公设备维修	390	37109	32960	22785	1188
家用电器修理	259	18671	14927	12381	821
其他日用产品修理业	107	10173	5184	8805	391
其他服务业	**846**	**105321**	**59886**	**99326**	**17186**
清洁服务	655	83974	49983	89936	16524
宠物服务	26	2564	686	1229	108
其他未列明服务业	165	18783	9218	8161	554

4-21 居民服务、修理和其他服务业企业法人单位分地区主要指标

地区	单位数（个）	资产总计（万元）	负债合计（万元）	营业收入（万元）	从业人员（人）
总　　计	**6715**	**957100**	**606955**	**501088**	**45501**
呼和浩特市	1165	218180	139682	137585	7597
包　头　市	1117	159963	120601	99237	12684
呼伦贝尔市	548	52353	33993	28466	5107
兴　安　盟	208	80376	65137	7981	806
通　辽　市	659	64299	33120	32437	3620
赤　峰　市	842	84525	39400	62367	4724
锡林郭勒盟	380	30976	11716	21111	1698
乌兰察布市	412	41563	18716	25022	2562
鄂尔多斯市	753	134216	82788	50745	2994
巴彦淖尔市	298	41580	26400	13805	1193
乌　海　市	208	35475	26561	17275	1913
阿拉善盟	125	13595	8841	5058	603

4-22 教育企业法人单位主要指标

行 业	单位数（个）	资产总计（万元）	负债合计（万元）	营业收入（万元）	从业人员（人）
总 计	**4026**	**487539**	**242455**	**198841**	**31045**
学前教育	814	184095	66523	63669	12469
初等教育	47	12661	4078	3232	748
中等教育	44	21512	18119	6539	1604
高等教育	4	160	3	95	35
特殊教育	9	483	324	592	38
技能培训、教育辅助及其他教育	3108	268629	153407	124714	16151

4-23 教育企业法人单位分地区主要指标

地 区	单位数（个）	资产总计（万元）	负债合计（万元）	营业收入（万元）	从业人员（人）
总 计	**4026**	**487539**	**242455**	**198841**	**31045**
呼和浩特市	577	108585	63428	52884	5895
包 头 市	540	59644	33799	29704	4793
呼伦贝尔市	310	25463	17022	9753	1818
兴 安 盟	73	4862	5613	2034	405
通 辽 市	584	62451	22750	15576	3380
赤 峰 市	700	52400	18219	21011	3949
锡林郭勒盟	137	28147	19851	8481	1209
乌兰察布市	290	32922	12792	13142	2444
鄂尔多斯市	456	64343	33284	27220	3793
巴彦淖尔市	194	14718	7028	9792	1488
乌 海 市	100	27890	4625	6491	1367
阿 拉 善 盟	65	6114	4044	2753	504

4-24 卫生和社会工作企业法人单位主要指标

行　业	单位数（个）	资产总计（万元）	负债合计（万元）	营业收入（万元）	从业人员（人）
总 计	**1311**	**1187036**	**697613**	**536415**	**29242**
卫生	**939**	**960465**	**617877**	**520406**	**26802**
医院	376	827409	542458	434971	20064
基层医疗卫生服务	466	61040	37290	34261	3522
专业公共卫生服务	29	12465	11093	13195	543
其他卫生活动	68	59551	27036	37978	2673
社会工作	**372**	**226571**	**79736**	**16009**	**2440**
提供住宿社会工作	317	224505	79005	15212	2273
不提供住宿社会工作	55	2066	731	797	167

4-25 卫生和社会工作企业法人单位分地区主要指标

地　区	单位数（个）	资产总计（万元）	负债合计（万元）	营业收入（万元）	从业人员（人）
总　　计	**1311**	**1187036**	**697613**	**536415**	**29242**
呼和浩特市	185	151474	83642	70713	4307
包 头 市	207	455424	306946	214980	8982
呼伦贝尔市	138	34354	28547	19026	1881
兴 安 盟	41	22150	5775	2984	297
通 辽 市	162	75675	21019	24817	1964
赤 峰 市	178	166583	124773	98390	3923
锡林郭勒盟	56	33746	9958	8436	825
乌兰察布市	97	69079	31490	21447	2008
鄂尔多斯市	125	107372	45852	33799	2534
巴彦淖尔市	60	33376	20405	24977	1444
乌 海 市	33	25373	16020	12451	771
阿 拉 善 盟	29	12432	3187	4395	306

4-26　文化、体育和娱乐业企业法人单位主要指标

行　业	单位数（个）	资产总计（万元）	负债合计（万元）	营业收入（万元）	从业人员（人）
总　计	**5742**	**2957429**	**1518789**	**387823**	**24903**
新闻和出版业	**52**	**373740**	**134741**	**65010**	**2031**
新闻业	6	2208	1877	511	96
出版业	46	371531	132863	64499	1935
广播、电视、电影和录音制作业	**808**	**522525**	**302297**	**160261**	**4835**
广播	19	4628	777	1037	82
电视	9	39015	6694	7423	200
影视节目制作	544	358873	226389	84508	1782
广播电视集成播控					
电影和广播电视节目发行	11	20721	6014	9528	61
电影放映	188	96551	61675	56886	2592
录音制作	37	2738	747	878	118
文化艺术业	**1213**	**1015076**	**388738**	**47913**	**5603**
体育	**587**	**326512**	**265595**	**23681**	**2858**
体育组织	229	100794	110640	8419	589
体育场地设施管理	38	159064	109938	3744	561
健身休闲活动	294	66202	44668	10995	1640
其他体育	26	452	348	522	68
娱乐业	**3082**	**719576**	**427419**	**90958**	**9576**
室内娱乐活动	1955	140113	86976	46431	5355
游乐园	46	134124	68593	4105	507
休闲观光活动	169	185140	135015	4433	622
彩票活动					
文化体育娱乐活动与经纪代理服务	873	220900	111855	27940	2336
其他娱乐业	39	39299	24980	8048	756

4-27　文化、体育和娱乐业企业法人单位分地区主要指标

地　区	单位数（个）	资产总计（万元）	负债合计（万元）	营业收入（万元）	从业人员（人）
总　　计	**5742**	**2957429**	**1518789**	**387823**	**24903**
呼和浩特市	1159	726254	365060	147788	6821
包　头　市	685	122111	75202	36175	2936
呼伦贝尔市	647	54897	35687	13368	2052
兴　安　盟	217	85916	25263	5975	717
通　辽　市	582	515722	25319	20345	1911
赤　峰　市	913	203110	115548	31608	3139
锡林郭勒盟	229	91568	55163	8280	1092
乌兰察布市	243	109648	22438	6738	1620
鄂尔多斯市	685	820902	639299	97071	2999
巴彦淖尔市	190	42857	29859	5688	769
乌　海　市	121	114016	51563	7642	461
阿 拉 善 盟	71	70428	78387	7145	386

4-28 国有控股企业分行业主要指标

行业	单位数（个）	资产总计（万元）	负债合计（万元）	营业收入（万元）	从业人员（人）
总计	**2099**	**188039815**	**104101689**	**8388394**	**157555**
交通运输、仓储和邮政业	**375**	**31520202**	**23501414**	**4782523**	**64168**
道路运输业	113	22922364	17163977	1780525	38414
航空运输业	31	1499165	543953	278962	5582
多式联运和运输代理业	27	368707	160134	77941	1074
装卸搬运和仓储业	171	5763145	4977270	2217237	5701
邮政业	30	204958	132650	233542	13300
信息传输、软件和信息技术服务业	**122**	**5317784**	**2340900**	**1994703**	**28002**
电信、广播电视和卫星传输服务	81	5125295	2276086	1872025	25464
互联网和相关服务	15	31950	1272	4875	239
软件和信息技术服务业	26	160539	63542	117803	2299
房地产业	**124**	**3968927**	**2932447**	**258214**	**6851**
物业管理	77	145159	93360	86810	6198
房地产中介服务	8	158	71	203	17
房地产租赁经营	33	2729581	1771149	170533	568
其他房地产业	6	1094030	1067867	668	68
租赁和商务服务业	**753**	**128556899**	**65026294**	**596730**	**23061**
租赁业	37	655354	133009	16568	342
商务服务业	716	127901546	64893285	580162	22719
科学研究和技术服务业	**345**	**8396553**	**4709974**	**504528**	**19955**
研究和试验发展	14	118730	63401	19039	750
专业技术服务业	276	7685237	4449682	457804	18635
科技推广和应用服务业	55	592586	196891	27685	570
水利、环境和公共设施管理业	**181**	**9537359**	**5200268**	**126457**	**10671**
水利管理业	18	845690	719283	2009	357
生态保护和环境治理业	22	531644	267669	21892	686
公共设施管理业	126	7156569	3747426	97554	9468
土地管理业	15	1003456	465890	5003	160
居民服务、修理和其他服务业	**39**	**41552**	**31594**	**39988**	**858**
居民服务业	24	36184	26975	38615	534
机动车、电子产品和日用产品修理业	8	638	378	571	73
其他服务业	7	4731	4240	801	251
教育	**41**	**45931**	**38385**	**5769**	**793**
卫生和社会工作	**21**	**12803**	**17146**	**5328**	**607**
文化、体育和娱乐业	**98**	**641803**	**303267**	**74154**	**2589**
新闻和出版业	15	307816	92948	45131	616
广播、电视、电影和录音制作业	32	137317	50642	16509	614
文化艺术业	21	53935	40995	10728	790
体育	14	37786	29672	763	89
娱乐业	16	104948	89010	1023	480

注：不含铁路运输业、金融业、房地产开发经营。

4-29　非公有控股企业分行业主要指标

行　业	单位数（个）	资产总计（万元）	负债合计（万元）	营业收入（万元）	从业人员（人）
总　计	**84696**	**93540091**	**52316676**	**16060150**	**639973**
交通运输、仓储和邮政业	**10242**	**13677875**	**8572826**	**6405991**	**97919**
道路运输业	7673	11183431	7202888	5242462	70819
水上运输业	11	6178	2151	2980	125
航空运输业	55	282799	223662	11424	412
管道运输业	4	106507	87373	59723	61
多式联运和运输代理业	646	445972	255939	202793	3024
装卸搬运和仓储业	1488	1580829	749894	728219	15341
邮政业	365	72158	50919	158390	8137
信息传输、软件和信息技术服务业	**7978**	**2761712**	**1855362**	**1420492**	**45585**
电信、广播电视和卫星传输服务	697	1135061	927626	635050	15829
互联网和相关服务	1562	294806	111765	187389	5190
软件和信息技术服务业	5719	1331845	815971	598053	24566
房地产业	**7573**	**4062207**	**3020001**	**828124**	**109586**
物业管理	4398	1093277	856940	581731	92913
房地产中介服务	2514	440128	268363	102115	11566
房地产租赁经营	604	2510973	1875280	137589	4826
其他房地产业	57	17829	19419	6689	281
租赁和商务服务业	**29953**	**56158545**	**29908277**	**4034267**	**196528**
租赁业	4459	1044724	637623	480271	16589
商务服务业	25494	55113821	29270654	3553996	179939
科学研究和技术服务业	**10473**	**8532076**	**4229652**	**1711199**	**71620**
研究和试验发展	640	1509194	818050	89929	5846
专业技术服务业	6386	4560414	2512119	1284178	53842
科技推广和应用服务业	3447	2462468	899484	337092	11932
水利、环境和公共设施管理业	**2736**	**4325176**	**2578469**	**596772**	**25783**
水利管理业	115	479551	166680	21125	725
生态保护和环境治理业	354	732948	379516	107457	2320
公共设施管理业	2204	2827873	1859998	456635	22467
土地管理业	63	284804	172275	11555	271
居民服务、修理和其他服务业	**6568**	**883716**	**548519**	**448136**	**43647**
居民服务业	2815	415876	243479	137860	15930
机动车、电子产品和日用产品修理业	2928	372003	255747	218848	11114
其他服务业	825	95836	49293	91429	16603
教育	**2870**	**233380**	**110769**	**93518**	**14159**
学前教育	184	37959	16229	11642	1991
初等教育	20	1665	45	235	129
中等教育	14	405	113	382	90
高等教育					
特殊教育	4	294	294	542	18
技能培训、教育辅助及其他教育	2648	193057	94088	80717	11931
卫生和社会工作	**813**	**670968**	**319081**	**228103**	**14687**
卫生	613	501066	252416	224431	13991
社会工作	200	169902	66665	3672	696
文化、体育和娱乐业	**5490**	**2234437**	**1173721**	**293548**	**20459**
新闻和出版业	30	3296	2732	1750	188
广播、电视、电影和录音制作业	772	384573	251478	143147	4188
文化艺术业	1148	949086	347396	36963	4559
体育	521	284980	235106	22091	2563
娱乐业	3019	612502	337010	89598	8961

注：不含铁路运输业、金融业、房地产开发经营。

4-30 规模以上交通运输、仓储和

行业	固定资产原价（万元）	累计折旧（万元）	资产总计（万元）	负债合计（万元）	所有者权益合计（万元）	营业收入（万元）
总计	**35809475.0**	**8342619.7**	**52315747.6**	**32333519.6**	**19982228.0**	**12400592.3**
铁路运输业	**18419225.9**	**3772104.8**	**26622991.2**	**13225642.3**	**13397348.9**	**5420503.6**
铁路旅客运输	1060238.4	97105.1	1140703.4	863905.6	276797.8	181956.6
铁路货物运输	17358987.5	3674999.7	25482287.8	12361736.7	13120551.1	5238547.0
铁路运输辅助活动						
道路运输业	**14778425.6**	**3638137.2**	**19288898.0**	**14540279.1**	**4748618.9**	**3922466.3**
城市公共交通运输	554094.8	220440.6	581762.7	563159.4	18603.3	125965.6
公路旅客运输	228593.8	127013.9	289182.5	178354.9	110827.6	85644.1
道路货物运输	644368.3	342528.4	1899327.0	1144845.3	754481.7	2717828.4
道路运输辅助活动	13351368.7	2948154.3	16518625.8	12653919.5	3864706.3	993028.2
水上运输业						
水上旅客运输						
水上货物运输						
水上运输辅助活动						
航空运输业	**803062.7**	**313430.3**	**1028944.6**	**459479.1**	**569465.5**	**273464.9**
航空客货运输	283576.3	80894.7	278952.6	126059.9	152892.7	156276.5
通用航空服务	14960.9	3611.9	36741.8	3760.7	32981.1	4506.2
航空运输辅助活动	504525.5	228923.7	713250.2	329658.5	383591.7	112682.2
管道运输业	**500511.8**	**167147.3**	**632358.1**	**391221.7**	**241136.4**	**233694.4**
海底管道运输						
陆地管道运输	500511.8	167147.3	632358.1	391221.7	241136.4	233694.4
多式联运和运输代理业	**237663.8**	**53534.5**	**310857.3**	**143616.0**	**167241.3**	**146146.5**
多式联运						
运输代理业	237663.8	53534.5	310857.3	143616.0	167241.3	146146.5
装卸搬运和仓储业	**811562.8**	**261672.1**	**4195151.3**	**3411374.1**	**783777.2**	**2078335.5**
装卸搬运	85316.9	27850.0	146224.3	89707.3	56517.0	101789.0
通用仓储	214149.6	81774.0	353600.9	61176.4	292424.5	151757.8
低温仓储	764.1	552.5	5299.2	4111.1	1188.1	1209.5
危险品仓储						
谷物、棉花等农产品仓储	401789.8	125374.2	3510703.6	3186737.8	323965.8	1776888.2
中药材仓储						
其他仓储业	109542.4	26121.4	179323.3	69641.5	109681.8	46691.0
邮政业	**259022.4**	**136593.5**	**236547.1**	**161907.3**	**74639.8**	**325981.1**
邮政基本服务	253175.7	134140.3	201102.1	128886.5	72215.6	227404.2
快递服务	5846.7	2453.2	35445.0	33020.8	2424.2	98576.9
其他寄递服务						

注：规模以上铁路运输业企业数据存在内部往来未扣除。

邮政业企业法人单位主要指标

营业成本（万元）	税金及附加（万元）	销售费用、管理费用、财务费用合计（万元）	投资收益（万元）	营业利润（万元）	利润总额（万元）	应付职工薪　酬（万元）	应　交增值税（万元）	平　　均用工人数（人）
10815738.0	**56868.7**	**1832525.7**	**106053.2**	**326650.9**	**481252.4**	**1910388.7**	**268280.5**	**166902**
4528765.2	**22423.2**	**538767.1**	**29914.0**	**363847.3**	**335949.9**	**1149714.8**	**156162.2**	**71037**
183220.8	770.6	31416.1		-33446.2	-34908.3	845.7	2079.7	40
4345544.4	21652.6	507351.0	29914.0	397293.5	370858.2	1148869.1	154082.5	70997
3120303.1	**18096.0**	**970763.4**	**72127.7**	**-63754.3**	**37886.5**	**393843.3**	**89684.2**	**61373**
216059.1	693.8	38185.1	0.5	-113782.3	-26830.0	125244.2	1891.7	19315
57381.6	1205.9	31391.1	271.5	-2616.6	805.9	21760.7	3072.1	6313
2452794.3	7470.4	208576.8	52993.7	93873.9	98592.8	131071.1	47939.8	19667
394068.1	8725.9	692610.4	18862.0	-41229.3	-34682.2	115767.3	36780.6	16078
238405.5	**6209.2**	**57944.6**	**1965.1**	**5656.4**	**-1376.1**	**97559.5**	**5427.4**	**4890**
133018.6	1120.1	15723.7		17482.8	17006.3	25269.0	3535.3	1234
8453.1	4.3	1787.0		-801.1	-812.6	2661.5	7.5	143
96933.8	5084.8	40433.9	1965.1	-11025.3	-17569.8	69629.0	1884.6	3513
170251.9	**847.7**	**23768.9**	**1350.0**	**40175.9**	**40506.2**	**2722.5**	**786.5**	**134**
170251.9	847.7	23768.9	1350.0	40175.9	40506.2	2722.5	786.5	134
104900.9	**1447.6**	**17877.0**	**52.8**	**21414.8**	**20552.7**	**11660.5**	**2580.1**	**1338**
104900.9	1447.6	17877.0	52.8	21414.8	20552.7	11660.5	2580.1	1338
2350501.2	**6312.3**	**154188.4**	**623.0**	**7233.3**	**95593.0**	**77945.8**	**9345.6**	**9499**
70716.6	1085.0	24562.6	22.8	5394.2	5900.2	23577.7	2627.3	3491
67223.8	2889.8	21741.6	653.0	61334.7	60624.5	23644.8	4935.6	2375
824.4	68.3	607.0		-290.2	83.5	257.7	34.8	64
2183346.7	1220.7	98044.3	-53.2	-67225.7	21143.2	23250.8	367.1	2472
28389.7	1048.5	9232.9	0.4	8020.3	7841.6	7214.8	1380.8	1097
302610.2	**1532.7**	**69216.3**	**20.6**	**-47922.5**	**-47859.8**	**176942.3**	**4294.5**	**18631**
214347.3	1305.9	57019.1	20.8	-45874.2	-45817.5	141155.5	2577.0	13503
88262.9	226.8	12197.2	-0.2	-2048.3	-2042.3	35786.8	1717.5	5128

4-31 规模以上信息传输、软件和

行　业	固定资产原　价（万元）	累计折旧（万元）	资产总计（万元）	负债合计（万元）	所有者权益合计（万元）	营业收入（万元）
总　计	**9649173.0**	**5601165.4**	**6437428.6**	**3260127.5**	**3177301.1**	**2662843.8**
电信、广播电视和卫星传输服务	**9571874.3**	**5574297.5**	**6165726.9**	**3126892.3**	**3038834.6**	**2434122.2**
电信	9022796.6	5267966.8	5577658.6	2933426.0	2644232.6	2288450.3
广播电视传输服务	549077.7	306330.7	588068.3	193466.3	394602.0	145671.9
卫星传输服务						
互联网和相关服务	**50370.0**	**12563.2**	**74931.0**	**31051.8**	**43879.2**	**41442.4**
互联网接入及相关服务	42897.0	9765.8	50544.4	22181.0	28363.4	13751.1
互联网信息服务	158.9	47.4	401.2	187.9	213.3	10336.8
互联网平台	514.0	446.5	4695.6	-120.9	4816.5	30.0
互联网安全服务	402.3	252.6	6573.1	1619.9	4953.2	7972.5
互联网数据服务	6365.5	2037.6	12640.5	7133.4	5507.1	9203.5
其他互联网服务	32.3	13.3	76.2	50.5	25.7	148.5
软件和信息技术服务业	**26928.7**	**14304.7**	**196770.7**	**102183.4**	**94587.3**	**187279.2**
软件开发	8683.3	3572.3	74333.3	34922.2	39411.1	53083.9
集成电路设计	3462.2	2477.4	18587.2	9370.1	9217.1	9877.5
信息系统集成和物联网技术服务	7817.1	3335.3	72400.8	40867.3	31533.5	75022.0
运行维护服务	5534.7	4268.0	22842.2	11748.2	11094.0	31036.6
信息处理和存储支持服务	973.0	260.4	1488.4	161.0	1327.4	10733.9
信息技术咨询服务	59.8	15.4	2604.7	3124.9	-520.2	3557.9
数字内容服务						
其他信息技术服务业	398.6	375.9	4514.1	1989.7	2524.4	3967.4

信息技术服务业企业法人单位主要指标

营业成本（万元）	税金及附加（万元）	销售费用、管理费用、财务费用合计（万元）	投资收益（万元）	营业利润（万元）	利润总额（万元）	应付职工薪酬（万元）	应交增值税（万元）	平均用工人数（人）
2277513.6	**15306.2**	**566250.5**	**256.2**	**-230570.0**	**-219381.3**	**578496.2**	**-15333.5**	**41654**
2116609.4	**14048.5**	**520873.8**	**12.7**	**-251716.7**	**-241526.2**	**540564.9**	**-20117.1**	**36851**
2021784.1	13743.5	474365.5		-255762.7	-248276.6	502681.9	-20118.0	33086
94825.3	305.0	46508.3	12.7	4046.0	6750.4	37883.0	0.9	3765
28412.4	**320.8**	**5981.7**		**6340.0**	**6386.1**	**2754.3**	**-1234.0**	**414**
9406.4	187.9	728.2		3278.6	3091.5	408.0	-1651.2	36
9946.9	5.3	597.9		-213.3	55.6	389.9	22.3	77
	1.0	26.1		2.9	1.5	1.0		4
2006.8	52.7	2669.8		3219.2	3219.8	1229.0	390.5	173
6935.4	73.6	1912.9		68.1	31.0	598.0		69
116.9	0.3	46.8		-15.5	-13.3	128.4	4.4	55
132491.8	**936.9**	**39395.0**	**243.5**	**14806.7**	**15758.8**	**35177.0**	**6017.6**	**4389**
33740.8	310.0	13277.1	200.2	5631.0	6508.2	10041.2	1815.5	1156
6857.0	41.0	2812.4	-71.0	51.8	152.4	1895.0	340.6	235
55054.8	405.7	12554.7	31.0	7143.2	7015.0	9756.9	2995.3	1153
20663.8	103.6	9314.2	83.3	928.0	1040.9	11225.2	675.2	1382
10032.8	7.8	189.0		504.3	494.9	298.6		31
3220.0	14.5	352.0		-28.6	-28.6	93.0	-15.1	5
2922.6	54.3	895.6		577.0	576.0	1867.1	206.1	427

4-32 规模以上物业管理、房地产中介服务、房地产

行　业	固定资产原　价（万元）	累计折旧（万元）	资产总计（万元）	负债合计（万元）	所有者权益合计（万元）	营业收入（万元）
总　计	**285017.8**	**98365.1**	**910946.5**	**779817.4**	**131129.1**	**361274.1**
房地产业	**285017.8**	**98365.1**	**910946.5**	**779817.4**	**131129.1**	**361274.1**
物业管理	101659.9	51553.5	356550.2	326900.9	29649.3	299946.9
房地产中介服务						
房地产租赁经营	183357.9	46811.6	554396.3	452916.5	101479.8	61327.2
其他房地产业						

4-33 规模以上租赁和商务

行　业	固定资产原　价（万元）	累计折旧（万元）	资产总计（万元）	负债合计（万元）	所有者权益合计（万元）	营业收入（万元）
总　计	**1223889.6**	**276223.1**	**32006926.7**	**19734817.2**	**12272109.5**	**1964106.7**
租赁业	**152166.4**	**53730.2**	**118106.1**	**39564.6**	**78541.5**	**20950.6**
机械设备经营租赁	152166.4	53730.2	118106.1	39564.6	78541.5	20950.6
文体设备和用品出租						
日用品出租						
商务服务业	**1071723.2**	**222492.9**	**31888820.6**	**19695252.6**	**12193568.0**	**1943156.1**
组织管理服务	714312.9	124750.1	30388198.2	18777857.1	11610341.1	905397.2
综合管理服务	129293.4	41168.7	453547.2	294696.1	158851.1	89907.4
法律服务	2967.6	489.4	15120.9	5183.1	9937.8	15291.9
咨询与调查	2812.0	760.4	59529.6	58621.4	908.2	22048.0
广告业	4299.4	1845.2	37414.2	13889.4	23524.8	20115.6
人力资源服务	12090.8	5315.8	116598.1	87180.3	29417.8	691880.1
安全保护服务	42832.0	22050.7	85171.0	38385.2	46785.8	128869.4
会议、展览及相关服务	134368.6	19584.9	519907.9	372141.2	147766.7	3747.1
其他商务服务业	28746.5	6527.7	213333.5	47298.8	166034.7	65899.4

租赁经营和其他房地产业企业法人单位主要指标

营业成本（万元）	税金及附加（万元）	销售费用、管理费用、财务费用合计（万元）	投资收益（万元）	营业利润（万元）	利润总额（万元）	应付职工薪　酬（万元）	应　交增值税（万元）	平　均用工人数（人）
247536.4	**7057.6**	**102686.2**	**46.8**	**12589.6**	**10720.9**	**167596.0**	**15595.2**	**43587**
247536.4	**7057.6**	**102686.2**	**46.8**	**12589.6**	**10720.9**	**167596.0**	**15595.2**	**43587**
216192.1	2246.8	80054.5	45.3	10143.3	8358.6	161222.5	13376.6	42727
31344.3	4810.8	22631.7	1.5	2446.3	2362.3	6373.5	2218.6	860

服务业企业法人单位主要指标

营业成本（万元）	税金及附加（万元）	销售费用、管理费用、财务费用合计（万元）	投资收益（万元）	营业利润（万元）	利润总额（万元）	应付职工薪　酬（万元）	应　交增值税（万元）	平　均用工人数（人）
1716895.6	**16403.3**	**631693.3**	**752854.2**	**329632.0**	**617758.3**	**402213.2**	**30029.7**	**60642**
10662.6	**247.0**	**3511.8**		**-323.1**	**418.8**	**2651.6**	**1715.8**	**293**
10662.6	247.0	3511.8		-323.1	418.8	2651.6	1715.8	293
1706233.0	**16156.3**	**628181.5**	**752854.2**	**329955.1**	**617339.5**	**399561.6**	**28313.9**	**60349**
836694.0	9571.7	488816.5	752700.7	307315.8	590701.9	44859.0	6414.1	3146
33172.8	2713.1	44310.1		9808.1	10070.6	14789.3	3007.4	2191
512.4	91.5	10434.3		4253.7	4245.0	5923.3	782.4	580
20960.3	71.3	2759.1	28.8	-1713.9	-1576.2	1196.6	322.9	227
10912.4	417.7	5414.8	17.4	3318.4	3307.3	5348.0	763.4	545
662891.8	1399.4	23966.7		3638.4	3432.5	247373.8	12260.6	31833
81105.8	939.6	32508.1	92.2	14409.8	14385.0	74436.2	4350.6	20640
1737.8	785.7	9403.4		-8179.8	-5614.5	1004.8	83.0	185
58245.7	166.3	10568.5	15.1	-2895.4	-1612.1	4630.6	329.5	1002

4-34 规模以上科学研究和技术

行业	固定资产原价（万元）	累计折旧（万元）	资产总计（万元）	负债合计（万元）	所有者权益合计（万元）	营业收入（万元）
总计	**509138.1**	**202472.8**	**2834780.8**	**1640658.4**	**1194122.4**	**734730.5**
研究和试验发展	**35409.8**	**11641.6**	**127561.0**	**51356.0**	**76205.0**	**26984.7**
自然科学研究和试验发展	4264.8	1091.4	5115.2	3300.1	1815.1	822.0
工程和技术研究和试验发展	25988.1	9850.1	99564.5	42173.0	57391.5	19621.6
农业科学研究和试验发展	4546.2	455.9	20690.8	4883.1	15807.7	3470.4
医学研究和试验发展	610.7	244.2	2190.5	999.8	1190.7	3070.7
社会人文科学研究						
专业技术服务业	**418616.5**	**178006.2**	**2578603.1**	**1524653.1**	**1053950.0**	**675666.5**
气象服务						
地震服务						
海洋服务	574.7	509.9	502.9	143.1	359.8	931.2
测绘地理信息服务	8411.3	4684.2	35522.7	18980.5	16542.2	18859.4
质检技术服务	49392.7	23896.1	82540.2	21171.4	61368.8	28724.0
环境与生态监测检测服务	1172.9	865.5	6193.4	2934.9	3258.5	5007.1
地质勘查	131144.4	54401.7	973138.5	718250.6	254887.9	66659.4
工程技术与设计服务	221148.0	90193.7	1431078.7	739767.3	691311.4	524731.3
工业与专业设计及其他专业技术服务	6772.5	3455.1	49626.7	23405.3	26221.4	30754.1
科技推广和应用服务业	**55111.8**	**12825.0**	**128616.7**	**64649.3**	**63967.4**	**32079.3**
技术推广服务	55091.0	12819.4	127436.3	60625.6	66810.7	28765.1
知识产权服务						
科技中介服务						
创业空间服务						
其他科技推广服务业	20.8	5.6	1180.4	4023.7	-2843.3	3314.2

服务业企业法人单位主要指标

营业成本（万元）	税金及附加（万元）	销售费用、管理费用、财务费用合计（万元）	投资收益（万元）	营业利润（万元）	利润总额（万元）	应付职工薪酬（万元）	应交增值税（万元）	平均用工人数（人）
510186.5	**7175.4**	**201848.7**	**74295.0**	**89353.3**	**86282.2**	**231319.3**	**39698.9**	**23859**
20564.1	**389.9**	**11617.1**	**2296.6**	**2270.9**	**2451.6**	**10075.9**	**226.4**	**755**
516.7	90.2	211.5		3.6	3.6	408.6	49.3	61
16511.8	298.1	9874.5	2296.6	809.3	951.9	8642.9	174.9	531
1388.8	0.4	539.7		1541.5	1578.8	212.2	2.2	47
2146.8	1.2	991.4		-83.5	-82.7	812.2		116
471486.3	**6397.3**	**175658.0**	**65198.4**	**80395.3**	**77081.0**	**212912.4**	**38896.7**	**21995**
388.3	5.2	545.9		-8.2	-8.9	301.8	55.9	49
10016.1	120.3	5363.2		3359.8	3394.2	4363.4	1047.9	648
10441.5	541.1	10643.2		7209.6	7188.6	6478.3	995.7	916
1854.4	26.0	2338.0		788.7	788.7	1195.8	212.6	152
55325.3	982.7	25930.3	13051.7	-8935.1	-875.5	17092.6	1876.2	2891
371128.8	4569.7	124015.5	52146.7	76551.5	65200.8	178646.1	33784.7	16819
22331.9	152.3	6821.9		1429.0	1393.1	4834.4	923.7	520
18136.1	**388.2**	**14573.6**	**6800.0**	**6687.1**	**6749.6**	**8331.0**	**575.8**	**1109**
18059.7	330.7	9074.4	6800.0	9006.0	9068.5	3971.4	381.2	596
76.4	57.5	5499.2		-2318.9	-2318.9	4359.6	194.6	513

4-35 规模以上水利、环境和公共设施

行业	固定资产原价（万元）	累计折旧（万元）	资产总计（万元）	负债合计（万元）	所有者权益合计（万元）	营业收入（万元）
总计	**1281535.3**	**159394.6**	**2511716.3**	**1069547.1**	**1442169.2**	**288866.2**
水利管理业	**8811.3**	**2647.6**	**8647.8**	**7670.2**	**977.6**	**1912.7**
防洪除涝设施管理						
水资源管理	8183.0	2062.6	6836.1	5932.2	903.9	308.4
天然水收集与分配						
水文服务						
其他水利管理业	628.3	585.0	1811.7	1738.0	73.7	1604.3
生态保护和环境治理业	**162609.6**	**21005.4**	**391615.8**	**116321.9**	**275293.9**	**59138.4**
生态保护	107559.3	11674.7	258014.4	51988.3	206026.1	8821.6
环境治理业	55050.3	9330.7	133601.4	64333.6	69267.8	50316.8
公共设施管理业	**1110114.4**	**135741.6**	**2111452.7**	**945555.0**	**1165897.7**	**227815.1**
市政设施管理	540982.1	8603.6	1112198.2	325460.0	786738.2	28059.6
环境卫生管理	82500.1	21575.8	121966.2	68213.5	53752.7	40943.4
城乡市容管理	12.5	7.2	180.2	37.8	142.4	400.1
绿化管理	15783.1	7416.1	140865.0	70211.7	70653.3	59687.7
城市公园管理	19184.4	6735.5	71874.2	70970.0	904.2	2709.7
游览景区管理	451652.2	91403.4	664368.9	410662.0	253706.9	96014.6
土地管理业						
土地整治服务						
土地调查评估服务						
土地登记服务						
土地登记代理服务						
其他土地管理服务						

管理业企业法人单位主要指标

营业成本（万元）	税金及附加（万元）	销售费用、管理费用、财务费用合计（万元）	投资收益（万元）	营业利润（万元）	利润总额（万元）	应付职工薪　酬（万元）	应　交增值税（万元）	平　均用工人数（人）
191049.2	**2915.8**	**87557.2**	**234.4**	**11316.4**	**27538.2**	**77491.4**	**8862.4**	**17746**
1411.8	**11.2**	**1793.6**		**-1303.9**	**63.5**	**1678.8**	**68.8**	**336**
267.2		1366.4		-1325.2	41.6	1366.7		178
1144.6	11.2	427.2		21.3	21.9	312.1	68.8	158
31465.6	**643.9**	**11136.3**		**17207.5**	**16998.9**	**7527.8**	**4490.0**	**876**
9093.7	16.0	4919.3		-4741.6	-4755.7	3323.1		428
22371.9	627.9	6217.0		21949.1	21754.6	4204.7	4490.0	448
158171.8	**2260.7**	**74627.3**	**234.4**	**-4587.2**	**10475.8**	**68284.8**	**4303.6**	**16534**
21266.2	609.1	9303.6	235.1	-2884.2	826.1	14984.7	396.6	3667
35652.8	189.5	6505.9		-367.3	2755.3	21195.8	1002.4	6625
392.6	0.4	56.0		-48.9	-48.9	436.7	12.0	131
43720.1	245.6	6020.4		10328.6	10296.9	7624.6	1811.9	1691
	16.8	3726.4		-1033.5	-379.7	875.1	135.4	204
57140.1	1199.3	49015.0	-0.7	-10581.9	-2973.9	23167.9	945.3	4216

4-36 规模以上居民服务、修理和

行业	固定资产原价（万元）	累计折旧（万元）	资产总计（万元）	负债合计（万元）	所有者权益合计（万元）	营业收入（万元）
总计	**83586.9**	**27180.4**	**208312.1**	**172966.9**	**35345.2**	**86377.1**
居民服务业	**69710.5**	**22880.0**	**165456.3**	**140809.7**	**24646.6**	**42547.7**
家庭服务	656.1	116.1	1379.2	838.8	540.4	1369.8
托儿所服务						
洗染服务	15.5	7.8	149.0	40.3	108.7	840.2
理发及美容服务						
洗浴和保健养生服务	35725.9	12259.5	90128.2	80201.2	9927.0	16034.1
摄影扩印服务						
婚姻服务						
殡葬服务	33290.2	10487.5	72376.0	58257.8	14118.2	22649.2
其他居民服务业	22.8	9.1	1423.9	1471.6	-47.7	1654.4
机动车、电子产品和日用产品修理业	**6940.0**	**1897.5**	**19139.7**	**14370.3**	**4769.4**	**14359.5**
汽车、摩托车等修理与维护	6940.0	1897.5	19139.7	14370.3	4769.4	14359.5
计算机和办公设备维修						
家用电器修理						
其他日用产品修理业						
其他服务业	**6936.4**	**2402.9**	**23716.1**	**17786.9**	**5929.2**	**29469.9**
清洁服务	6936.4	2402.9	23716.1	17786.9	5929.2	29469.9
宠物服务						
其他未列明服务业						

其他服务业企业法人单位主要指标

营业成本（万元）	税金及附加（万元）	销售费用、管理费用、财务费用合计（万元）	投资收益（万元）	营业利润（万元）	利润总额（万元）	应付职工薪酬（万元）	应交增值税（万元）	平均用工人数（人）
54699.5	**617.5**	**31145.7**	**1.2**	**838.2**	**851.0**	**34818.8**	**1584.1**	**11543**
22111.5	**381.2**	**19819.2**		**250.9**	**187.4**	**11534.9**	**448.6**	**2609**
1034.8	15.0	260.6		59.2	59.7	712.1	55.0	334
539.4	7.2	286.7		6.9	6.9	794.5	50.4	176
7977.2	321.2	9171.8		-1436.1	-1342.7	4876.5	247.3	1138
12560.1	29.5	8455.2		1619.7	1480.6	3657.6	11.5	626
	8.3	1644.9		1.2	-17.1	1494.2	84.4	335
9955.1	**64.8**	**4682.0**		**-341.6**	**-349.5**	**2698.1**	**365.1**	**537**
9955.1	64.8	4682.0		-341.6	-349.5	2698.1	365.1	537
22632.9	**171.5**	**6644.5**	**1.2**	**928.9**	**1013.1**	**20585.8**	**770.4**	**8397**
22632.9	171.5	6644.5	1.2	928.9	1013.1	20585.8	770.4	8397

4-37 规模以上教育企业法人

行业	固定资产原价（万元）	累计折旧（万元）	资产总计（万元）	负债合计（万元）	所有者权益合计（万元）	营业收入（万元）
总计	**39835.9**	**7672.9**	**49460.7**	**32279.0**	**17181.7**	**21627.3**
学前教育	22600.1	887.6	27203.8	14146.7	13057.1	4094.8
初等教育	2800.3	1040.7	1934.0	404.2	1529.8	806.2
中等教育	5010.0	357.1	5861.6	3793.7	2067.9	2826.5
高等教育						
特殊教育						
技能培训、教育辅助及其他教育	9425.5	5387.5	14461.3	13934.4	526.9	13899.8

4-38 规模以上卫生和社会工作

行业	固定资产原价（万元）	累计折旧（万元）	资产总计（万元）	负债合计（万元）	所有者权益合计（万元）	营业收入（万元）
总计	**370705.7**	**162739.7**	**534483.9**	**421571.7**	**112912.2**	**379246.3**
卫生	**357560.9**	**160401.0**	**516082.8**	**416567.1**	**99515.7**	**373113.4**
医院	322574.4	147385.3	469448.8	393814.0	75634.8	336675.6
基层医疗卫生服务	1128.2	313.0	5898.1	2177.0	3721.1	2368.5
专业公共卫生服务	15745.0	4963.4	6256.0	6263.6	-7.6	7031.0
其他卫生活动	18113.3	7739.3	34479.9	14312.5	20167.4	27038.3
社会工作	**13144.8**	**2338.7**	**18401.1**	**5004.6**	**13396.5**	**6132.9**
提供住宿社会工作	13144.8	2338.7	18401.1	5004.6	13396.5	6132.9
不提供住宿社会工作						

单位分行业主要指标

营业成本（万元）	税金及附加（万元）	销售费用、管理费用、财务费用合计（万元）	投资收益（万元）	营业利润（万元）	利润总额（万元）	应付职工薪酬（万元）	应交增值税（万元）	平均用工人数（人）
13531.6	**88.3**	**8565.6**		**-558.0**	**-524.6**	**10377.9**	**530.7**	**2236**
2570.1	12.7	1470.7		41.5	41.4	2014.4		648
396.3	0.3	480.6		-71.0	-3.1	502.5	12.9	161
2586.0	1.4	229.5		9.6	9.6	1634.5		399
7979.2	73.9	6384.8		-538.1	-572.5	6226.5	517.8	1028

企业法人单位分行业主要指标

营业成本（万元）	税金及附加（万元）	销售费用、管理费用、财务费用合计（万元）	投资收益（万元）	营业利润（万元）	利润总额（万元）	应付职工薪酬（万元）	应交增值税（万元）	平均用工人数（人）
304601.3	**160.6**	**83152.1**	**15.3**	**-9932.8**	**-9352.5**	**119509.2**	**158.8**	**14102**
300812.4	**160.6**	**81724.9**	**15.3**	**-10849.6**	**-10293.7**	**117097.0**	**158.8**	**13573**
279952.5	68.0	67050.5	15.3	-11530.4	-11069.3	104063.0	3.2	11680
1519.6	1.3	1275.5		-487.2	-490.7	803.3		191
4812.8	49.4	3619.5		-1450.7	-1476.1	2859.3	149.9	296
14527.5	41.9	9779.4		2618.7	2742.4	9371.4	5.7	1406
3788.9		**1427.2**		**916.8**	**941.2**	**2412.2**		**529**
3788.9		1427.2		916.8	941.2	2412.2		529

4-39 规模以上文化、体育和

行业	固定资产原价（万元）	累计折旧（万元）	资产总计（万元）	负债合计（万元）	所有者权益合计（万元）	营业收入（万元）
总计	**180873.5**	**65515.5**	**717084.0**	**408673.2**	**308410.8**	**128998.5**
新闻和出版业	**53634.0**	**27165.9**	**357320.5**	**125127.9**	**232192.6**	**55020.5**
新闻业						
出版业	53634.0	27165.9	357320.5	125127.9	232192.6	55020.5
广播、电视、电影和录音制作业	**18293.4**	**9319.5**	**38892.8**	**23424.3**	**15468.5**	**42760.8**
广播						
电视						
影视节目制作	2617.5	514.0	3253.2	-303.4	3556.6	6110.1
广播电视集成播控						
电影和广播电视节目发行						
电影放映	15675.9	8805.5	35639.6	23727.7	11911.9	36650.7
录音制作						
文化艺术业	**4588.0**	**1106.9**	**45419.9**	**38694.7**	**6725.2**	**7330.7**
文艺创作与表演	3826.7	926.8	7124.8	3943.9	3180.9	2364.2
艺术表演场馆	558.2	139.0	22085.3	20604.7	1480.6	4230.8
图书馆与档案馆						
文物及非物质文化遗产保护	203.1	41.1	16209.8	14146.1	2063.7	735.7
博物馆						
烈士陵园、纪念馆						
群众文体活动						
其他文化艺术业						
体育	**33591.2**	**10048.7**	**47845.2**	**57762.1**	**-9916.9**	**2338.6**
体育组织						
体育场地设施管理	30471.4	8363.9	40089.5	52797.3	-12707.8	811.4
健身休闲活动	3119.8	1684.8	7755.7	4964.8	2790.9	1527.2
其他体育						
娱乐业	**70766.9**	**17874.5**	**227605.6**	**163664.2**	**63941.4**	**21547.9**
室内娱乐活动	18907.5	5200.3	68234.9	68834.2	-599.3	10866.5
游乐园	41505.9	11177.3	117088.0	59097.6	57990.4	2872.7
休闲观光活动	3241.2	79.1	11360.7	10666.5	694.2	633.6
彩票活动						
文化体育娱乐活动与经纪代理服务	126.0		339.7	1104.3	-764.6	15.9
其他娱乐业	6986.3	1417.8	30582.3	23961.6	6620.7	7159.2

邮政业企业法人单位主要指标

营业成本（万元）	税金及附加（万元）	销售费用、管理费用、财务费用合计（万元）	投资收益（万元）	营业利润（万元）	利润总额（万元）	应付职工薪酬（万元）	应交增值税（万元）	平均用工人数（人）
98617.2	**2412.8**	**54322.0**	**31.7**	**-21527.9**	**-5829.3**	**29854.4**	**641.3**	**4985**
50935.8	**454.5**	**17554.2**	**31.7**	**-10881.3**	**-8350.3**	**11856.9**	**196.6**	**1615**
50935.8	454.5	17554.2	31.7	-10881.3	-8350.3	11856.9	196.6	1615
33162.7	**1422.9**	**8497.7**		**-151.9**	**3657.6**	**4915.9**	**718.0**	**956**
6596.9	4.5	390.0		-881.3	2118.7	245.2		28
26565.8	1418.4	8107.7		729.4	1538.9	4670.7	718.0	928
7868.4	**26.5**	**6668.1**		**-5620.0**	**-596.2**	**5793.5**	**106.6**	**915**
2586.6	5.2	3349.5		-3471.1	-82.0	3716.7	3.5	532
5217.8	17.2	2261.4		-1759.3	-267.7	1401.7	103.0	258
64.0	4.1	1057.2		-389.6	-246.5	675.1	0.1	125
548.1	**231.9**	**3331.9**		**-1773.3**	**-1054.2**	**784.7**	**25.4**	**194**
177.6	175.7	2314.9		-1856.8	-1192.3	189.2		44
370.5	56.2	1017.0		83.5	138.1	595.5	25.4	150
6102.2	**277.0**	**18270.1**		**-3101.4**	**513.8**	**6503.4**	**-405.3**	**1305**
3510.5	114.2	10283.0		-3041.2	-1489.2	3324.2	-688.9	641
2166.5	131.8	4350.4		-3776.0	-2277.7	1119.9	24.8	275
322.2	0.2	364.4		-53.2	46.9	197.3	2.4	100
10.2		47.8		-42.1	-42.1	16.2	0.5	8
92.8	30.8	3224.5		3811.1	4275.9	1845.8	255.9	281

第五篇

服务业行政事业及非企业法人单位篇

5-1　服务业行政事业及非企业法人单位分行业主要指标

行　　业	单位数（个）	资产总计（万元）	非企业单位支出（费用）（万元）	从业人员（人）
总　计	**52671**	**101265251**	**43860227**	**1400387**
交通运输、仓储和邮政业	**236**	**451445**	**394424**	**10054**
信息传输、软件和信息技术服务业	**126**	**145645**	**88954**	**3434**
电信、广播电视和卫星传输服务	72	110475	57918	2996
互联网和相关服务	25	2494	3544	126
软件和信息技术服务业	29	32676	27492	312
房地产业	**60**	**129898**	**76020**	**1149**
租赁和商务服务业	**851**	**922577**	**347418**	**15196**
科学研究和技术服务业	**2038**	**3396178**	**1077745**	**33226**
研究和试验发展	179	266279	131811	3715
专业技术服务业	1295	2848312	780568	23338
科技推广和应用服务业	564	281587	165365	6173
水利、环境和公共设施管理业	**802**	**4168736**	**569963**	**19761**
水利管理业	385	912986	126167	6660
生态保护和环境治理业	152	137289	125864	2758
公共设施管理业	217	3099011	247946	9727
居民服务、修理和其他服务业	**212**	**158991**	**83028**	**2941**
教育	**6758**	**17225612**	**6663366**	**376116**
学前教育	2481	1094841	499127	51359
初等教育	1611	4136340	1916504	121698
中等教育	1126	5993275	2431868	147571
高等教育	78	5265595	1394536	36087
特殊教育	46	95750	26643	1533
技能培训、教育辅助及其他教育	1416	639811	394688	17868
卫生和社会工作	**3600**	**9983140**	**5477956**	**179642**
卫生	2548	9534302	5276689	170130
医院	385	7989964	4315734	124151
基层医疗卫生服务	1654	946837	595605	30599
专业公共卫生服务	488	594878	362118	15238
其他卫生活动	21	2623	3232	142
社会工作	1052	448838	201267	9512
提供住宿社会工作	696	408662	167599	7703
不提供住宿社会工作	356	40176	33668	1809
文化、体育和娱乐业	**1598**	**1880195**	**617615**	**27963**
新闻和出版业	91	73601	56418	2924
广播、电视、电影和录音制作业	106	250816	142800	6670
文化艺术业	1004	1209024	333010	14989
体育	319	177856	49841	2106
娱乐业	78	168898	35547	1274
公共管理、社会保障和社会组织	**36390**	**62802835**	**28463737**	**730856**
中国共产党机关	1331	770796	1004225	29051
国家机构	13528	55238764	25660713	571037
人民政协、民主党派	173	39875	81962	3305
社会保障	230	128269	813789	6385
群众团体、社会团体和其他成员组织	7712	1006100	348093	35282
基层群众自治组织	13416	5619031	554955	85796

注：不含铁路运输业、金融业、房地产开发经营。

5-2 租赁和商务服务业行政事业及非企业法人单位分地区主要指标

地区	单位数（个）	资产总计（万元）	非企业单位支出（费用）（万元）	从业人员（人）
总计	**851**	**922577**	**347418**	**15196**
呼和浩特市	121	150605	72068	2432
包头市	108	198943	44668	1164
呼伦贝尔市	111	23656	14450	762
兴安盟	58	31063	32024	755
通辽市	84	46184	20458	6121
赤峰市	83	42118	46394	1389
锡林郭勒盟	83	19992	7536	383
乌兰察布市	51	5332	33435	541
鄂尔多斯市	73	246269	50982	795
巴彦淖尔市	38	121769	15117	388
乌海市	27	23329	8696	361
阿拉善盟	14	13316	1589	105

5-3 科学研究和技术服务业行政事业及非企业法人单位分地区主要指标

地区	单位数（个）	资产总计（万元）	非企业单位支出（费用）（万元）	从业人员（人）
总计	**2038**	**3396178**	**1077745**	**33226**
呼和浩特市	266	871711	378981	9282
包头市	169	787765	73941	2510
呼伦贝尔市	331	324706	95618	4040
兴安盟	121	91611	72454	1994
通辽市	239	374477	70196	3480
赤峰市	135	292516	87442	2317
锡林郭勒盟	165	67920	66050	1723
乌兰察布市	233	50036	54549	2286
鄂尔多斯市	140	200990	79619	2131
巴彦淖尔市	118	122422	51868	2024
乌海市	42	56460	12993	744
阿拉善盟	79	155563	34033	695

5-4　水利、环境和公共设施管理业行政事业及非企业法人单位分地区主要指标

地　　区	单位数（个）	资产总计（万元）	非企业单位支出（费用）（万元）	从业人员（人）
总　　计	**802**	**4168736**	**569963**	**19761**
呼和浩特市	94	1969613	70446	2281
包　头　市	78	257912	45027	2652
呼伦贝尔市	95	185238	85453	2266
兴　安　盟	77	113589	50465	1407
通　辽　市	118	203636	50391	2973
赤　峰　市	60	397021	35086	2391
锡林郭勒盟	87	390191	46871	1008
乌兰察布市	65	26299	18462	1145
鄂尔多斯市	37	7855	81352	605
巴彦淖尔市	63	301305	66513	2571
乌　海　市	19	308159	15909	309
阿 拉 善 盟	9	7917	3987	153

5-5　教育行政事业及非企业法人单位分地区主要指标

地　　区	单位数（个）	资产总计（万元）	非企业单位支出（费用）（万元）	从业人员（人）
总　　计	**6758**	**17225612**	**6663366**	**376116**
呼和浩特市	799	5050545	1380102	52179
包　头　市	646	1647342	650081	38729
呼伦贝尔市	740	1318805	659134	35524
兴　安　盟	663	536644	351760	24092
通　辽　市	904	1482006	706635	45427
赤　峰　市	1240	1564847	939356	66321
锡林郭勒盟	279	871554	279840	17494
乌兰察布市	423	1096499	500458	26777
鄂尔多斯市	602	2031356	615642	37943
巴彦淖尔市	273	864003	363232	20313
乌　海　市	105	579956	133593	7005
阿 拉 善 盟	84	182055	83532	4312

5-6 卫生和社会工作行政事业及非企业法人单位分地区主要指标

地　　区	单位数（个）	资产总计（万元）	非企业单位支出(费用)（万元）	从业人员（人）
总　　计	**3600**	**9983140**	**5477956**	**179642**
呼和浩特市	301	1723778	1067242	27770
包　头　市	385	721880	522967	17965
呼伦贝尔市	433	1030722	498463	20793
兴　安　盟	233	1353611	301482	12027
通　辽　市	454	812497	607793	19914
赤　峰　市	560	1519962	975844	29393
锡林郭勒盟	272	434607	229920	8246
乌兰察布市	277	656119	276863	10070
鄂尔多斯市	336	756839	454304	15177
巴彦淖尔市	224	580268	346769	11785
乌　海　市	48	267649	129644	4092
阿拉善盟	77	125207	66664	2410

5-7 文化、体育和娱乐业行政事业及非企业法人单位分地区主要指标

地　　区	单位数（个）	资产总计（万元）	非企业单位支出(费用)（万元）	从业人员（人）
总　　计	**1598**	**1880195**	**617615**	**27963**
呼和浩特市	153	632548	209820	6413
包　头　市	137	263767	47192	2971
呼伦贝尔市	289	128288	73365	3800
兴　安　盟	87	14502	19628	1112
通　辽　市	177	127172	30379	2653
赤　峰　市	160	56444	39660	2239
锡林郭勒盟	161	71619	20556	1598
乌兰察布市	96	34319	31581	1465
鄂尔多斯市	150	305925	68025	3218
巴彦淖尔市	75	98495	26631	1052
乌　海　市	45	101128	31802	440
阿拉善盟	68	45989	18977	1002

5-8 公共管理、社会保障和社会组织行政事业及非企业法人单位分地区主要指标

地 区	单位数（个）	资产总计（万元）	非企业单位支出（费用）（万元）	从业人员（人）
总 计	**36390**	**62802835**	**28463737**	**730856**
呼和浩特市	3497	10719039	3731067	72472
包 头 市	2994	6240706	3292809	61415
呼伦贝尔市	4473	9146873	2852009	125117
兴 安 盟	2386	3208377	1737502	42428
通 辽 市	4290	3482057	1963677	65040
赤 峰 市	4517	4994399	3907231	91662
锡林郭勒盟	3164	3333970	1673740	41535
乌兰察布市	3701	2606195	2773390	68172
鄂尔多斯市	3186	12424150	3838198	87622
巴彦淖尔市	2452	3585032	1487465	43852
乌 海 市	759	899741	483543	14494
阿 拉 善 盟	971	2162297	723107	17047

第六篇

企业信息化和电子商务交易情况篇

6-1 分行业企业使用计算机情况

行业	企业数（个）	使用计算机的企业		期末在用计算机数（台）	每百人拥有计算机数（台）
		数量（个）	比重（%）		
总 计	**9318**	**9285**	**99.6**	**486481**	**31**
采矿业	453	451	99.6	62485	29
制造业	1580	1576	99.7	114396	25
电力、热力、燃气及水生产和供应业	603	603	100.0	60653	40
建筑业	1186	1179	99.4	29210	11
批发和零售业	1838	1834	99.8	53827	47
交通运输、仓储和邮政业	558	558	100.0	45868	46
住宿和餐饮业	538	538	100.0	13284	28
信息传输、软件和信息技术服务业	122	120	98.4	51464	121
房地产业	1753	1740	99.3	19932	26
租赁和商务服务业	238	237	99.6	5857	14
科学研究和技术服务业	175	175	100.0	15690	66
水利、环境和公共设施管理业	76	76	100.0	2237	13
居民服务、修理和其他服务业	53	53	100.0	776	7
教育	21	21	100.0	1399	63
卫生和社会工作	67	67	100.0	6959	50
文化、体育和娱乐业	57	57	100.0	2444	54

6-2　分地区企业使用计算机情况

地　　区	企业数（个）	使用计算机的企业		期末在用计算机数（台）	每百人拥有计算机数（台）
		数量（个）	比重（%）		
总　　计	**9318**	**9285**	**99.6**	**486481**	**31**
呼和浩特市	1385	1382	99.8	145577	46
包　头　市	1302	1296	99.5	61055	24
呼伦贝尔市	817	815	99.8	26915	24
兴　安　盟	338	338	100.0	9332	26
通　辽　市	768	765	99.6	26396	26
赤　峰　市	994	993	99.9	41449	20
锡林郭勒盟	603	599	99.3	19007	32
乌兰察布市	455	454	99.8	17210	25
鄂尔多斯市	1375	1368	99.5	86844	35
巴彦淖尔市	538	536	99.6	19407	27
乌　海　市	511	509	99.6	23473	32
阿拉善盟	231	229	99.1	9447	29

6-3 分行业企业

行业	企业数（个）	使用信息化管理的企业		财务管理		购销存管理	
		数量（个）	比重（%）	数量（个）	占使用信息化管理企业比重（%）	数量（个）	占使用信息化管理企业比重（%）
总　计	**9318**	**8934**	**95.9**	**7749**	**86.7**	**3483**	**39.0**
采矿业	453	442	97.6	421	95.2	256	57.9
制造业	1580	1542	97.6	1411	91.5	895	58.0
电力、热力、燃气及水生产和供应业	603	595	98.7	529	88.9	221	37.1
建筑业	1186	1128	95.1	956	84.8	146	12.9
批发和零售业	1838	1746	95.0	1505	86.2	1107	63.4
交通运输、仓储和邮政业	558	525	94.1	450	85.7	110	21.0
住宿和餐饮业	538	523	97.2	410	78.4	240	45.9
信息传输、软件和信息技术服务业	122	121	99.2	111	91.7	63	52.1
房地产业	1753	1648	94.0	1380	83.7	299	18.1
租赁和商务服务业	238	222	93.3	189	85.1	24	10.8
科学研究和技术服务业	175	173	98.9	151	87.3	20	11.6
水利、环境和公共设施管理业	76	75	98.7	73	97.3	17	22.7
居民服务、修理和其他服务业	53	51	96.2	43	84.3	16	31.4
教育	21	21	100.0	14	66.7	1	4.8
卫生和社会工作	67	67	100.0	55	82.1	42	62.7
文化、体育和娱乐业	57	55	96.5	51	92.7	26	47.3

信息化管理情况

生产制造管理		物流配送管理		客户关系管理		人力资源管理		其他	
数量（个）	占使用信息化管理企业比重（%）	数量（个）	占使用信息化管理企业比重（%）	数量（个）	占使用信息化管理企业比重（%）	数量（个）	占使用信息化管理企业比重（%）	数量（个）	占使用信息化管理企业比重（%）
1162	**13.0**	**678**	**7.6**	**1944**	**21.8**	**2831**	**31.7**	**1595**	**17.9**
107	24.2	34	7.7	74	16.7	188	42.5	52	11.8
560	36.3	222	14.4	379	24.6	566	36.7	200	13.0
242	40.7	20	3.4	82	13.8	293	49.2	100	16.8
70	6.2	21	1.9	153	13.6	315	27.9	289	25.6
55	3.2	229	13.1	523	30.0	440	25.2	205	11.7
30	5.7	96	18.3	66	12.6	141	26.9	109	20.8
16	3.1	7	1.3	145	27.7	134	25.6	115	22.0
13	10.7	23	19.0	63	52.1	86	71.1	26	21.5
37	2.2	17	1.0	337	20.4	406	24.6	349	21.2
9	4.1	3	1.4	45	20.3	103	46.4	33	14.9
13	7.5	3	1.7	22	12.7	62	35.8	51	29.5
5	6.7			13	17.3	28	37.3	16	21.3
1	2.0	1	2.0	12	23.5	16	31.4	7	13.7
				5	23.8	7	33.3	10	47.6
3	4.5	2	3.0	14	20.9	23	34.3	19	28.4
1	1.8			11	20.0	23	41.8	14	25.5

6-4 分地区企业

地　　区	企业数（个）	使用信息化管理的企业					
		数量（个）	比重（%）	财务管理		购销存管理	
				数量（个）	占使用信息化管理企业比重（%）	数量（个）	占使用信息化管理企业比重（%）
总　　计	**9318**	**8934**	**95.9**	**7749**	**86.7**	**3483**	**39.0**
呼和浩特市	1385	1343	97.0	1180	87.9	553	41.2
包　头　市	1302	1233	94.7	1092	88.6	487	39.5
呼伦贝尔市	817	778	95.2	667	85.7	272	35.0
兴　安　盟	338	319	94.4	269	84.3	128	40.1
通　辽　市	768	738	96.1	647	87.7	302	40.9
赤　峰　市	994	968	97.4	800	82.6	386	39.9
锡林郭勒盟	603	564	93.5	449	79.6	201	35.6
乌兰察布市	455	442	97.1	361	81.7	177	40.0
鄂尔多斯市	1375	1319	95.9	1181	89.5	497	37.7
巴彦淖尔市	538	515	95.7	455	88.3	207	40.2
乌　海　市	511	493	96.5	447	90.7	171	34.7
阿 拉 善 盟	231	221	95.7	200	90.5	102	46.2

信息化管理情况

生产制造管理		物流配送管理		客户关系管理		人力资源管理		其他	
数量（个）	占使用信息化管理企业比重（%）	数量（个）	占使用信息化管理企业比重（%）	数量（个）	占使用信息化管理企业比重（%）	数量（个）	占使用信息化管理企业比重（%）	数量（个）	占使用信息化管理企业比重（%）
1162	**13.0**	**678**	**7.6**	**1944**	**21.8**	**2831**	**31.7**	**1595**	**17.9**
134	10.0	109	8.1	325	24.2	495	36.9	240	17.9
179	14.5	116	9.4	296	24.0	413	33.5	192	15.6
67	8.6	44	5.7	163	21.0	233	29.9	141	18.1
43	13.5	20	6.3	64	20.1	86	27.0	50	15.7
101	13.7	50	6.8	170	23.0	214	29.0	121	16.4
135	13.9	69	7.1	219	22.6	302	31.2	199	20.6
82	14.5	31	5.5	129	22.9	144	25.5	116	20.6
83	18.8	31	7.0	92	20.8	142	32.1	100	22.6
157	11.9	105	8.0	235	17.8	416	31.5	213	16.1
88	17.1	41	8.0	113	21.9	158	30.7	102	19.8
44	8.9	46	9.3	84	17.0	143	29.0	80	16.2
48	21.7	16	7.2	54	24.4	84	38.0	41	18.6

6-5 分行业企业

行业	企业数（个）	使用局域网的企业	
		数量（个）	比重（%）
总计	**9318**	**6743**	**72.4**
采矿业	453	368	81.2
制造业	1580	1238	78.4
电力、热力、燃气及水生产和供应业	603	513	85.1
建筑业	1186	797	67.2
批发和零售业	1838	1304	70.9
交通运输、仓储和邮政业	558	377	67.6
住宿和餐饮业	538	450	83.6
信息传输、软件和信息技术服务业	122	116	95.1
房地产业	1753	1081	61.7
租赁和商务服务业	238	157	66.0
科学研究和技术服务业	175	133	76.0
水利、环境和公共设施管理业	76	53	69.7
居民服务、修理和其他服务业	53	33	62.3
教育	21	12	57.1
卫生和社会工作	67	63	94.0
文化、体育和娱乐业	57	48	84.2

使用网络情况

使用互联网的企业		接入窄带		接入宽带	
数量（个）	比重（%）	数量（个）	占接入互联网企业的比重（%）	数量（个）	占接入互联网企业的比重（%）
9264	**99.4**	**387**	**4.2**	**9190**	**99.2**
450	99.3	20	4.4	446	99.1
1570	99.4	61	3.9	1557	99.2
602	99.8	14	2.3	601	99.8
1179	99.4	49	4.2	1170	99.2
1832	99.7	77	4.2	1818	99.2
554	99.3	24	4.3	547	98.7
537	99.8	27	5.0	533	99.3
122	100.0	11	9.0	122	100.0
1734	98.9	73	4.2	1717	99.0
236	99.2	11	4.7	233	98.7
174	99.4	8	4.6	173	99.4
76	100.0	2	2.6	76	100.0
53	100.0	1	1.9	53	100.0
21	100.0	1	4.8	21	100.0
67	100.0	7	10.4	66	98.5
57	100.0	1	1.8	57	100.0

6-6 分地区企业使用网络情况

地　　区	企业数（个）	有局域网的企业		使用互联网的企业					
						接入窄带		接入宽带	
		数量（个）	比重（%）	数量（个）	比重（%）	数量（个）	占接入互联网企业的比重（%）	数量（个）	占接入互联网企业的比重（%）
总　　计	**9318**	**6743**	**72.4**	**9264**	**99.4**	**387**	**4.2**	**9190**	**99.2**
呼和浩特市	1385	1051	75.9	1378	99.5	66	4.8	1369	99.3
包 头 市	1302	935	71.8	1291	99.2	54	4.2	1274	98.7
呼伦贝尔市	817	545	66.7	812	99.4	24	3.0	806	99.3
兴 安 盟	338	240	71.0	338	100.0	18	5.3	334	98.8
通 辽 市	768	536	69.8	763	99.3	39	5.1	755	99.0
赤 峰 市	994	734	73.8	992	99.8	32	3.2	989	99.7
锡林郭勒盟	603	417	69.2	599	99.3	21	3.5	596	99.5
乌兰察布市	455	338	74.3	452	99.3	16	3.5	450	99.6
鄂尔多斯市	1375	1035	75.3	1365	99.3	67	4.9	1350	98.9
巴彦淖尔市	538	381	70.8	537	99.8	19	3.5	535	99.6
乌 海 市	511	356	69.7	506	99.0	24	4.7	503	99.4
阿 拉 善 盟	231	174	75.3	230	99.6	7	3.0	228	99.1

6-7　分行业企业建网站情况

行　　业	企业数（个）	建立网站的企业		网站数量（个）	每百家企业拥有网站数量（个）
		数量（个）	比重（%）		
总　计	**9318**	**3713**	**39.8**	**4112**	**44**
采矿业	453	218	48.1	239	53
制造业	1580	900	57.0	1006	64
电力、热力、燃气及水生产和供应业	603	272	45.1	302	50
建筑业	1186	392	33.1	428	36
批发和零售业	1838	621	33.8	696	38
交通运输、仓储和邮政业	558	176	31.5	193	35
住宿和餐饮业	538	230	42.8	252	47
信息传输、软件和信息技术服务业	122	92	75.4	117	96
房地产业	1753	482	27.5	513	29
租赁和商务服务业	238	92	38.7	106	45
科学研究和技术服务业	175	90	51.4	95	54
水利、环境和公共设施管理业	76	34	44.7	39	51
居民服务、修理和其他服务业	53	21	39.6	21	40
教育	21	11	52.4	14	67
卫生和社会工作	67	47	70.1	51	76
文化、体育和娱乐业	57	35	61.4	40	70

6-8　分地区企业建网站情况

地　　区	企业数（个）	建立网站的企业		网站数量（个）	每百家企业拥有网站数量（个）
		数量（个）	比重（%）		
总　　计	**9318**	**3713**	**39.8**	**4112**	**44**
呼和浩特市	1385	707	51.0	790	57
包　头　市	1302	558	42.9	624	48
呼伦贝尔市	817	260	31.8	289	35
兴　安　盟	338	81	24.0	92	27
通　辽　市	768	250	32.6	252	33
赤　峰　市	994	397	39.9	437	44
锡林郭勒盟	603	252	41.8	284	47
乌兰察布市	455	205	45.1	239	53
鄂尔多斯市	1375	540	39.3	583	42
巴彦淖尔市	538	226	42.0	269	50
乌　海　市	511	176	34.4	188	37
阿 拉 善 盟	231	60	26.0	64	28

6-9 分行业企业通过

行业	企业数（个）	使用互联网的企业		收发电子邮件	
		数量（个）	比重（%）	数量（个）	占使用互联网企业的比重（%）
总计	**9318**	**9264**	**99.4**	**8254**	**89.1**
采矿业	453	450	99.3	422	93.8
制造业	1580	1570	99.4	1470	93.6
电力、热力、燃气及水生产和供应业	603	602	99.8	564	93.7
建筑业	1186	1179	99.4	1075	91.2
批发和零售业	1838	1832	99.7	1589	86.7
交通运输、仓储和邮政业	558	554	99.3	490	88.4
住宿和餐饮业	538	537	99.8	415	77.3
信息传输、软件和信息技术服务业	122	122	100.0	113	92.6
房地产业	1753	1734	98.9	1500	86.5
租赁和商务服务业	238	236	99.2	209	88.6
科学研究和技术服务业	175	174	99.4	167	96.0
水利、环境和公共设施管理业	76	76	100.0	71	93.4
居民服务、修理和其他服务业	53	53	100.0	43	81.1
教育	21	21	100.0	18	85.7
卫生和社会工作	67	67	100.0	58	86.6
文化、体育和娱乐业	57	57	100.0	50	87.7

互联网开展活动情况

了解商品和服务的信息		从政府机构获取信息		与政府机构互动		使用网上银行	
数量（个）	占使用互联网企业的比重（%）	数量（个）	占使用互联网企业的比重（%）	数量（个）	占使用互联网企业的比重（%）	数量（个）	占使用互联网企业的比重（%）
3962	**42.8**	**3697**	**39.9**	**2000**	**21.6**	**7023**	**75.8**
210	46.7	223	49.6	134	29.8	372	82.7
859	54.7	798	50.8	505	32.2	1348	85.9
207	34.4	260	43.2	160	26.6	428	71.1
419	35.5	540	45.8	205	17.4	884	75.0
959	52.3	539	29.4	297	16.2	1458	79.6
191	34.5	179	32.3	86	15.5	396	71.5
208	38.7	139	25.9	67	12.5	373	69.5
75	61.5	63	51.6	43	35.2	86	70.5
576	33.2	671	38.7	360	20.8	1163	67.1
93	39.4	82	34.7	42	17.8	174	73.7
64	36.8	92	52.9	34	19.5	130	74.7
29	38.2	28	36.8	19	25.0	58	76.3
18	34.0	18	34.0	4	7.5	37	69.8
4	19.0	8	38.1	5	23.8	14	66.7
27	40.3	33	49.3	27	40.3	56	83.6
23	40.4	24	42.1	12	21.1	46	80.7

6-9 续表

行业	使用其他金融服务		提供客户服务		拨打互联网电话或召开视频会议	
	数量（个）	占使用互联网企业的比重（%）	数量（个）	占使用互联网企业的比重（%）	数量（个）	占使用互联网企业的比重（%）
总　计	**555**	**6.0**	**2472**	**26.7**	**1734**	**18.7**
采矿业	41	9.1	100	22.2	136	30.2
制造业	163	10.4	523	33.3	428	27.3
电力、热力、燃气及水生产和供应业	40	6.6	120	19.9	233	38.7
建筑业	45	3.8	188	15.9	72	6.1
批发和零售业	120	6.6	631	34.4	377	20.6
交通运输、仓储和邮政业	30	5.4	137	24.7	109	19.7
住宿和餐饮业	13	2.4	177	33.0	46	8.6
信息传输、软件和信息技术服务业	15	12.3	82	67.2	78	63.9
房地产业	62	3.6	303	17.5	140	8.1
租赁和商务服务业	10	4.2	71	30.1	36	15.3
科学研究和技术服务业	8	4.6	49	28.2	26	14.9
水利、环境和公共设施管理业	3	3.9	21	27.6	14	18.4
居民服务、修理和其他服务业	1	1.9	18	34.0	6	11.3
教育	1	4.8	7	33.3	4	19.0
卫生和社会工作	1	1.5	22	32.8	13	19.4
文化、体育和娱乐业	2	3.5	23	40.4	16	28.1

在线提供产品		发布信息或即时消息		员工培训		对外或者对内招聘		其他	
数量（个）	占使用互联网企业的比重（%）	数量（个）	占使用互联网企业的比重（%）	数量（个）	占使用互联网企业的比重（%）	数量（个）	占使用互联网企业的比重（%）	数量（个）	占使用互联网企业的比重（%）
796	**8.6**	**2757**	**29.8**	**2949**	**31.8**	**3140**	**33.9**	**1546**	**16.7**
29	6.4	152	33.8	184	40.9	148	32.9	73	16.2
221	14.1	567	36.1	534	34.0	696	44.3	235	15.0
28	4.7	231	38.4	269	44.7	188	31.2	93	15.4
30	2.5	253	21.5	417	35.4	289	24.5	217	18.4
217	11.8	583	31.8	589	32.2	662	36.1	283	15.4
30	5.4	162	29.2	147	26.5	152	27.4	109	19.7
70	13.0	119	22.2	134	25.0	205	38.2	97	18.1
46	37.7	67	54.9	71	58.2	66	54.1	18	14.8
44	2.5	358	20.6	386	22.3	463	26.7	308	17.8
25	10.6	88	37.3	72	30.5	87	36.9	30	12.7
10	5.7	74	42.5	64	36.8	63	36.2	30	17.2
14	18.4	29	38.2	15	19.7	32	42.1	20	26.3
3	5.7	11	20.8	15	28.3	19	35.8	12	22.6
3	14.3	10	47.6	10	47.6	10	47.6	4	19.0
7	10.4	26	38.8	18	26.9	28	41.8	11	16.4
19	33.3	27	47.4	24	42.1	32	56.1	6	10.5

6-10 分地区企业通过

地区	企业数（个）	使用互联网的企业		收发电子邮件		了解商品和服务的信息	
		数量（个）	比重（%）	数量（个）	占使用互联网企业的比重（%）	数量（个）	占使用互联网企业的比重（%）
总计	**9318**	**9264**	**99.4**	**8254**	**89.1**	**3962**	**42.8**
呼和浩特市	1385	1378	99.5	1258	91.3	655	47.5
包头市	1302	1291	99.2	1160	89.9	569	44.1
呼伦贝尔市	817	812	99.4	699	86.1	319	39.3
兴安盟	338	338	100.0	295	87.3	132	39.1
通辽市	768	763	99.3	666	87.3	336	44.0
赤峰市	994	992	99.8	892	89.9	449	45.3
锡林郭勒盟	603	599	99.3	538	89.8	221	36.9
乌兰察布市	455	452	99.3	391	86.5	182	40.3
鄂尔多斯市	1375	1365	99.3	1203	88.1	566	41.5
巴彦淖尔市	538	537	99.8	486	90.5	214	39.9
乌海市	511	506	99.0	459	90.7	214	42.3
阿拉善盟	231	230	99.6	206	89.6	104	45.2

6-10 续表

地区	使用其他金融服务		提供客户服务		拨打互联网电话或召开视频会议	
	数量（个）	占使用互联网企业的比重（%）	数量（个）	占使用互联网企业的比重（%）	数量（个）	占使用互联网企业的比重（%）
总计	**555**	**6.0**	**2472**	**26.7**	**1734**	**18.7**
呼和浩特市	80	5.8	436	31.6	327	23.7
包头市	68	5.3	349	27.0	249	19.3
呼伦贝尔市	23	2.8	184	22.7	123	15.1
兴安盟	20	5.9	84	24.9	57	16.9
通辽市	53	6.9	216	28.3	131	17.2
赤峰市	61	6.1	254	25.6	145	14.6
锡林郭勒盟	28	4.7	147	24.5	108	18.0
乌兰察布市	32	7.1	111	24.6	95	21.0
鄂尔多斯市	104	7.6	351	25.7	270	19.8
巴彦淖尔市	34	6.3	145	27.0	112	20.9
乌海市	31	6.1	127	25.1	70	13.8
阿拉善盟	21	9.1	67	29.1	46	20.0

互联网开展活动情况

从政府机构获取信息		与政府机构互动		使用网上银行	
数量（个）	占使用互联网企业的比重（%）	数量（个）	占使用互联网企业的比重（%）	数量（个）	占使用互联网企业的比重（%）
3697	**39.9**	**2000**	**21.6**	**7023**	**75.8**
564	40.9	254	18.4	1079	78.3
543	42.1	271	21.0	981	76.0
283	34.9	127	15.6	559	68.8
151	44.7	310	91.7	243	71.9
265	34.7	132	17.3	560	73.4
472	47.6	210	21.2	773	77.9
224	37.4	91	15.2	410	68.4
170	37.6	86	19.0	353	78.1
511	37.4	255	18.7	1070	78.4
211	39.3	95	17.7	421	78.4
201	39.7	97	19.2	393	77.7
101	43.9	72	31.3	180	78.3

在线提供产品		发布信息或即时消息		员工培训		对外或者对内招聘	
数量（个）	占使用互联网企业的比重（%）	数量（个）	占使用互联网企业的比重（%）	数量（个）	占使用互联网企业的比重（%）	数量（个）	占使用互联网企业的比重（%）
796	**8.6**	**2757**	**29.8**	**2949**	**31.8**	**3140**	**33.9**
134	9.7	494	35.8	475	34.5	638	46.3
117	9.1	411	31.8	385	29.8	469	36.3
55	6.8	184	22.7	230	28.3	204	25.1
31	9.2	86	25.4	97	28.7	87	25.7
75	9.8	257	33.7	229	30.0	279	36.6
79	8.0	253	25.5	313	31.6	291	29.3
54	9.0	149	24.9	168	28.0	162	27.0
30	6.6	126	27.9	154	34.1	138	30.5
116	8.5	440	32.2	477	34.9	456	33.4
44	8.2	143	26.6	179	33.3	171	31.8
40	7.9	135	26.7	149	29.4	161	31.8
21	9.1	78	33.9	92	40.0	83	36.1

6-11 分行业企业互联网

行业	企业数（个）	使用互联网的企业		通过互联网进行宣传推广的企业数		自有网站	
		数量（个）	比重（%）	数量（个）	占使用互联网企业的比重（%）	数量（个）	占使用互联网企业的比重（%）
总计	**9318**	**9264**	**99.4**	**7002**	**75.6**	**1819**	**19.6**
采矿业	453	450	99.3	347	77.1	92	20.4
制造业	1580	1570	99.4	1285	81.8	525	33.4
电力、热力、燃气及水生产和供应业	603	602	99.8	437	72.6	179	29.7
建筑业	1186	1179	99.4	862	73.1	176	14.9
批发和零售业	1838	1832	99.7	1324	72.3	225	12.3
交通运输、仓储和邮政业	558	554	99.3	344	62.1	81	14.6
住宿和餐饮业	538	537	99.8	477	88.8	76	14.2
信息传输、软件和信息技术服务业	122	122	100.0	111	91.0	75	61.5
房地产业	1753	1734	98.9	1273	73.4	172	9.9
租赁和商务服务业	238	236	99.2	170	72.0	58	24.6
科学研究和技术服务业	175	174	99.4	141	81.0	67	38.5
水利、环境和公共设施管理业	76	76	100.0	62	81.6	23	30.3
居民服务、修理和其他服务业	53	53	100.0	37	69.8	11	20.8
教育	21	21	100.0	18	85.7	7	33.3
卫生和社会工作	67	67	100.0	60	89.6	27	40.3
文化、体育和娱乐业	57	57	100.0	54	94.7	25	43.9

宣传和推广情况

互联网广告		搜索引擎		电子商务平台		电子邮件		社交网站和即时通讯社交工具	
占使用互联网企业的比重（%）	数量（个）	占使用互联网企业的比重（%）	数量（个）	占使用互联网企业的比重（%）	数量（个）	占使用互联网企业的比重（%）	数量（个）	占使用互联网企业的比重（%）	数量（个）
2349	**25.4**	**675**	**7.3**	**762**	**8.2**	**2277**	**24.6**	**1603**	**17.3**
86	19.1	38	8.4	33	7.3	132	29.3	88	19.6
417	26.6	165	10.5	175	11.1	480	30.6	262	16.7
77	12.8	45	7.5	32	5.3	136	22.6	83	13.8
222	18.8	72	6.1	53	4.5	377	32.0	148	12.6
552	30.1	110	6.0	206	11.2	359	19.6	353	19.3
97	17.5	26	4.7	34	6.1	103	18.6	85	15.3
192	35.8	33	6.1	82	15.3	92	17.1	117	21.8
50	41.0	22	18.0	23	18.9	32	26.2	35	28.7
480	27.7	112	6.5	65	3.7	430	24.8	287	16.6
59	25.0	19	8.1	15	6.4	49	20.8	47	19.9
35	20.1	14	8.0	10	5.7	47	27.0	22	12.6
26	34.2	6	7.9	12	15.8	13	17.1	20	26.3
11	20.8	2	3.8	4	7.5	6	11.3	12	22.6
5	23.8			2	9.5	2	9.5	6	28.6
22	32.8	7	10.4	2	3.0	11	16.4	14	20.9
18	31.6	4	7.0	14	24.6	8	14.0	24	42.1

6-12 分地区企业互联网

地　　区	企业数（个）	使用互联网的企业		通过互联网进行宣传推广的企业数		自有网站		互联网广告	
		数量（个）	比重（%）	数量（个）	占使用互联网企业的比重（%）	数量（个）	占使用互联网企业的比重（%）	数量（个）	占使用互联网企业的比重（%）
总　　计	**9318**	**9264**	**99.4**	**7002**	**75.6**	**1819**	**19.6**	**2349**	**25.4**
呼和浩特市	1385	1378	99.5	1133	82.2	386	28.0	364	26.4
包 头 市	1302	1291	99.2	956	74.1	277	21.5	319	24.7
呼伦贝尔市	817	812	99.4	591	72.8	112	13.8	201	24.8
兴 安 盟	338	338	100.0	234	69.2	39	11.5	78	23.1
通 辽 市	768	763	99.3	553	72.5	116	15.2	209	27.4
赤 峰 市	994	992	99.8	783	78.9	214	21.6	279	28.1
锡林郭勒盟	603	599	99.3	453	75.6	117	19.5	146	24.4
乌兰察布市	455	452	99.3	350	77.4	96	21.2	108	23.9
鄂尔多斯市	1375	1365	99.3	1022	74.9	254	18.6	340	24.9
巴彦淖尔市	538	537	99.8	387	72.1	106	19.7	125	23.3
乌 海 市	511	506	99.0	373	73.7	72	14.2	122	24.1
阿 拉 善 盟	231	230	99.6	166	72.2	29	12.6	58	25.2

6-13 分地区企业开展

地　　区	有电子商务交易的企业数（个）	有电子商务销售的企业			
				B2B	
		数量（个）	金额（万元）	企业数量（个）	金额（万元）
总　　计	**571**	**393**	**19485944**	**263**	**18402044**
呼和浩特市	117	87	15052006	64	14940006
包 头 市	78	52	782587	33	761632
呼伦贝尔市	61	40	286461	29	253770
兴 安 盟	13	11	1073253	7	478392
通 辽 市	38	28	921828	16	800476
赤 峰 市	67	51	366588	35	305277
锡林郭勒盟	28	18	178125	14	176673
乌兰察布市	36	23	288167	15	286809
鄂尔多斯市	53	29	122137	14	98529
巴彦淖尔市	32	20	224456	14	223973
乌 海 市	31	19	131189	13	21222
阿 拉 善 盟	17	15	59148	9	55285

宣传和推广情况

搜索引擎		电子商务平台		电子邮件		社交网站和即时通讯社交工具	
数量（个）	占使用互联网企业的比重（%）	数量（个）	占使用互联网企业的比重（%）	数量（个）	占使用互联网企业的比重（%）	数量（个）	占使用互联网企业的比重（%）
675	**7.3**	**762**	**8.2**	**2277**	**24.6**	**1603**	**17.3**
116	8.4	144	10.4	338	24.5	263	19.1
126	9.8	110	8.5	306	23.7	218	16.9
45	5.5	58	7.1	205	25.2	122	15.0
16	4.7	28	8.3	77	22.8	45	13.3
51	6.7	54	7.1	154	20.2	145	19.0
87	8.8	77	7.8	260	26.2	168	16.9
42	7.0	36	6.0	167	27.9	88	14.7
32	7.1	29	6.4	120	26.5	75	16.6
86	6.3	108	7.9	314	23.0	260	19.0
27	5.0	49	9.1	107	19.9	91	16.9
33	6.5	43	8.5	163	32.2	78	15.4
14	6.1	26	11.3	66	28.7	49	21.3

电子商务交易情况

B2C		向大陆以外区域销售		有电子商务采购的企业		从大陆以外区域采购	
数量（个）	金额（万元）	企业数量（个）	金额（万元）	数量（个）	金额（万元）	企业数量（个）	金额（万元）
184	**1083901**	**7**	**10038**	**277**	**12583486**	**1**	**279886**
35	112000	2	8925	44	9214991	1	279886
25	20955			35	798038		
18	32690	2	12	30	456403		
6	594861			5	85861		
14	121353			16	189855		
27	61312	1	50	38	260903		
7	1452			17	162398		
11	1358			19	187014		
18	23607			30	937836		
8	483	2	1051	19	154137		
7	109968			17	102545		
8	3863			7	33505		

附　录

主要指标解释

主要指标解释

房屋施工面积　指报告期内施工的全部房屋建筑面积。包括本期新开工的房屋建筑面积、上期跨入本期继续施工的房屋建筑面积、上期停缓建在本期恢复施工的房屋建筑面积、本期竣工的房屋建筑面积以及本期施工后又停缓建的房屋建筑面积。多层建筑应填各层建筑面积之和。

房屋新开工面积　指报告期内新开工建设的房屋建筑面积,以单位工程为核算对象,即整栋房屋的全部建筑面积,不能分割计算。不包括在上期开工跨入本期继续施工的房屋建筑面积和上期停缓建而在本期复工的房屋建筑面积。房屋的开工应以房屋正式开始破土刨槽(地基处理或打永久桩)的日期为准。

房屋竣工面积　指报告期内房屋建筑按照设计要求已全部完工,达到住人和使用条件,经验收鉴定合格或达到竣工验收标准,可正式移交使用的各栋房屋建筑面积的总和。

竣工面积以房屋单位工程(栋)为核算对象,在整栋房屋符合竣工条件后按其全部建筑面积一次性计算,而不是按各栋施工房屋中已完成的部分或层次分割计算。

商品房销售面积　指报告期内出售商品房屋的合同总面积(即双方签署的正式买卖合同中所确定的建筑面积)。商品房销售面积由现房销售面积和期房销售面积两部分组成。

(1)现房销售面积:指在报告期内正式签订买卖合同、已经竣工达到入住条件的商品房屋建筑面积。包括以一次性付款方式和分期付款方式销售的现房建筑面积。

(2)期房销售面积:指在报告期内正式签订买卖合同、正在建设尚未竣工交付使用的商品房屋建筑面积。包括以一次性付款方式和分期付款方式销售的商品房屋建筑面积。期房销售建筑面积竣工后不再结转为现房销售建筑面积。

商品房销售额　指报告期内出售商品房屋的合同总价款(即双方签署的正式买卖合同中所确定的合同总价)。该指标与商品房销售面积同口径,由现房销售额和期房销售额两部分组成。

(1)现房销售额:指报告期内销售的已竣工商品房屋的合同总价款。包括现房销售前期预收的定金、预收款、首付款及全部按揭贷款的本金等款项。该指标与现房销售面积同口径。

(2)期房销售额:指报告期内销售的正在建设尚未竣工的商品房屋的合同总价款。包括预售房屋前期预收的定金、预收款、首付款及全部按揭贷款的本金等项。该指标与期房销售面积同口径。

房屋竣工价值　指报告期内按规定已经上报竣工的房屋本身的建造价值。一般按房屋设计和预算规定的内容计算。包括竣工房屋本身的基础、结构、屋面、装修以及水、电、卫等附属工程的建筑价值;也包括作为房屋建筑组成部分而列入房屋建筑工程预算内的设备(如电梯、通风设备等)的购置和安装费用。不包括厂房内的工艺设备、工艺管线的购置和安装,工艺设备基础的建造;室外的水、暖、电、卫、道路工程、挡土墙等环境工程的费用;办公和生活用家具的购置等费用;购置土地的费用;迁移补偿费和场地平整的费用及城市建设配套投资。

房屋竣工价值不仅包括该竣工房屋在报告期内完成的价值,也包括跨年施工的房屋在本期以前完成的价值。未竣工而转让给其他单位的房屋建筑工程,出让单位不计算竣工价值,待接受单位继续施工并符合竣工条件后,由接受单位计算其竣工价值,包括出让单位在出让前所完成的价值。房屋竣工价值一般按结算价格(或中标价)计算。

待开发土地面积　指经有关部门批准,通过各种方式获得土地使用权,但尚未开工建设的土地面积。

本年土地购置面积　指在本年内通过各种方式获得土地使用权的土地面积。

资产总计　指企业过去的交易或者事项形成的、由企业拥有或者控制的、预期会给企业带来经济利益的资源。包括企业拥有的土地、办公楼、厂房、机器、运输工具、存货等实物资产和现金、存款、应收账款和预付账款等金融资产。资产一般按流动性(资产的变现或耗用时间长短)分为流动资产和非流动资产。其中流动资产可分为货币资金、交易性金融资产、应收票据、应收账款、预付款项、其他应收款、存货等;非流动资产可分为长期股权投资、固定资产、无形资产及其他非流动资产等。根据会计“资产负债表”中“资产总计”项目的期末余额数填报。

负债合计　指企业过去的交易或者事项形成的,预期会导致经济利益流出企业的现时义务。包括银行贷款、借款、应付账款、应付职工工资、应付职工福利费、应交税金等企业负有偿还责任的债务。

负债一般按偿还期长短分为流动负债和非流动负债。根据会计资产负债表中“负债合计”项目的期末余额数填报。执行企业会计准则或《小企业会计准则》的企业:负债合计 = 流动负债合计 + 非流动负债合计;执行其他企业会计制度的企业负债包括流动负债和长期负债。

主营业务收入　指企业确认的销售商品、提供劳务等主营业务的收入。根据会计“主营业务收入”科目的期末贷方余额填报。执行2006年《企业会计准则》的企业，如未设置该科目，以“营业收入”代替填报。

土地转让收入　指房地产开发企业按国家规定在报告期转让已经开发的土地和未经开发的土地所得到的收入。根据会计“利润表”和相关核算资料计算填报。

商品房屋销售收入　指房地产开发企业在报告期售出商品房屋的收入，一次收款的，一次性全部计入销售收入，按合同规定分期收款的，可按合同规定的时间分次计入收入。根据会计“利润表”和相关核算资料计算填报。

房屋出租收入　指房地产开发企业在报告期内，在不改变现有财产所有权关系的条件下，将企业的全部或部分房屋出租给其他单位或个人使用所得到的租金收入。根据会计“利润表”和相关核算资料计算填报。

其他(主营业务)收入　指房地产开发企业在报告期内从事除以上收入外的其他业务活动所得到的收入，包括配套设施销售收入、代建工程结算收入等。根据会计“利润表”和相关核算资料计算填报。

年末从业人数　指报告期末最后一日在本单位工作，并取得工资或其他形式劳动报酬的人员数。

年末零售营业面积　指批发和零售业企业用于本企业从事零售业务的对外营业的面积，不包括其办公用房、仓库、加工场地以及对外出租场地。按年末实有建筑面积统计。

年末餐饮营业面积　指住宿和餐饮业企业对外提供餐饮服务的就餐面积和从事食品加工、烹饪、调制的厨房面积，不包括办公用房和仓库等面积。按年末实有建筑面积统计。

营业收入　指企业经营主要业务和其他业务所确认的收入总额。营业收入包括“主营业务收入”和“其他业务收入”。根据会计“利润表”中“营业收入”项目的本年累计数填报。